AF595662

Atrévete a ver

LA OTRA CARA DE TU CRISIS

Manuel Jiménez

Si alguno quiere ser exitoso,
Tome su crisis y sígame.
M.J.

LA OTRA CARA DE TU CRISIS

MANUEL JIMÉNEZ
Redes sociales : manuel_jimenez06

EDICIÓN : Diez Veces Más
diezvecesmas@gmail.com
CORRECCION DE ESTILO: La Pluma Correcciones
laplumac@gmail.com

Primera edición, Agosto 2022
Santo Domingo - República Dominicana
ISBN: 9798842878994

DEDICATORIA

A las mujeres que me conocen mejor y aún así me siguen amando: ***Dolores, Débora y Lilibeth.***

AGRADECIMIENTOS

Agradezco infinitamente a Dios Creador, por poner en mi este y otros sueños que cada día me conducen a mi propósito en la vida.

A mi familia, por ser soporte en todos mis proyectos.

A la Iglesia Ebenezer, por sus oraciones.

A mis amigos y compañeros de Proyecto Gracia, que me motivaron a completar esta meta.

PRÓLOGO

La otra cara de tu crisis de la autoría del abogado y pastor Lic. Manuel Jiménez es una obra pintoresca que encierra una perspectiva inusual acerca de las peripecias producto de una temporada de crisis. Sabemos que crisis es una situación o un período de grandes dificultades, de cambios bruscos en la vida de una persona, matrimonio, institución, país, momentos en los cuales ignoramos qué hace y cómo responder, lo que no sabíamos es que podríamos sacar provecho de algo tan insípido, cruel y doloroso como una crisis.

En esta insigne obra, que considero una literatura cumbre de resiliencia, se topará con una percepción distinta y modo de ver opuesto a lo habitual en nuestra vida, diferente a como nos han aconsejado para poder superar traumas experimentados, el autor nos encauza a ver las mejores enseñanzas para vivir con optimismo aún nuestras peores circunstancias, apreciando en su justa dimensión que nuestros mejores maestros son las experiencias de las cosas agradables y desagradables que hemos vivido.

Así como todos sin excepción estamos maravillosamente expuestos al oxígeno, del mismo modo participamos de situaciones de crisis, miedo, hambre, aflicción, lo que hagamos después, determinará nuestra vida.

Las historias de crisis relatadas en este libro buscan primero hacernos ver que todos podemos pasar por crisis, no importa si eres rico, pobre, pastor o mujer de empresa. En segundo lugar buscan mostrarnos el camino de la solución. Quien logre ver objetivamente más allá de las obviedades que una crisis presenta, podrá airoso salir y contar historias de éxito.

Aprecio que es una obra de arte, un río caudaloso de aguas cristalinas y refrescantes donde encontrarás palabras de bendición para tu vida. Es mi deseo que a pesar de las situaciones que puedas estar viviendo, enfocado en LA OTRA CARA DE TU CRISIS, el Señor te anime, consuele, establezca y fortalezca. Que estas líneas traigan esperanza, ánimo y refugio en los momentos difíciles de tu vida.

Paz de Dios

Lic. Rev. Felix Armando Severino
Pastor Principal Iglesia Monte de Sion,
San Cristóbal, Rep. Dom.

CONTENIDO

INTRODUCCIÓN

Sin crisis no hay desafíos,
sin desafíos la vida es rutina,
una lenta agonía.
Sin crisis no hay méritos.
Es en tus crisis donde
aflora lo mejor de cada uno, porque
sin crisis, todo viento es caricia.
Albert Einstein

El 17 de mayo del 2009, un pastor evangélico anunció que fornicó con su secretaria de la iglesia. La noticia corrió como pólvora en todo el mundo, los medios de comunicación redactaban la mala nueva, escarbaban buscando más y más. Los enemigos de la fe tenían aquí un misil nuclear que no dudarían en disparar.

Se trataba del afamado pastor Tommy Moya. Él era la cabeza visible de un gran movimiento evangelístico de alcance mundial que veíamos en la televisión, escuchábamos sus sermones y consejería en la radio. En ese momento era también un hombre de éxito empresarial como consultor en Centroamérica.

Su esposa, hijos e iglesia sufrieron el escarnio público como leprosos al caminar por las calles. Muchos airados se alejaron de la iglesia, desconcertados porque la gente no concibe que sus líderes también pasan por crisis.

Si hubo apuestas, nadie le apostó al pastor, ninguno creería que se podría levantar, era el fin de una carrera ministerial de décadas, de una fuerte iglesia y una familia hermosa.

Decir la verdad es más difícil que mentir, aparentar requiere mucho menos esfuerzo que ser honesto y muy poca gente está dispuesta a asumir el control del timón de un barco que ha perdido la dirección. Esto solo lo hacen aquellos seguros de sí mismos, los que sueñan con algo superior, cuya fe es inquebrantable.

Otro que atravesó grandes crisis fue José, tradicionalmente conocido como el soñador de la Biblia. Él tenía un propósito al que todos llamaban sueños. Su historia ha sido ampliamente contada en círculos de emprendimiento motivacional y en mensajes cristianos. Muchos resaltan que el problema de José fue causado por su bocota, por no mantener en secreto sus ideas y sueños de superación. No pocas personas aconsejan mantenernos callados y ser agradecidos de lo poco que contamos en la vida, les parece que vivamos con alas cortas de gallina, aun cuando nos sintamos águilas, dicen que es más seguro.

Estas personas que nos aconsejan con buen corazón, ignoran que Dios es quien inspiraba estos sentimientos de éxito en este jovencito. Un día todo cambió cuando su zona de confort se deshizo, sus hermanos echaron suerte a ver qué hacían con él. Las opciones eran matarlo echándolo a las fieras o venderlo como esclavo.

Ser esclavo no es fácil, mucho menos para quien ha nacido en libertad. Solomon Northup, un negro nacido libre en la ciudad de New York que en 1850 también fue raptado y vendido como esclavo en Lousiana, sería tal vez el único que entendería la historia de José, pues después

de ser un hombre libre pasó 12 miserables y largos años como esclavo en los que no sabía si amanecería vivo. Solomon entendería perfectamente la crisis de José que lo transformó de libre a esclavo, porque ambos probaron esos sinsabores.

A pesar de la crisis que iba pasando en la vida, estas no menguaban las ganas de José por avanzar hacia el propósito al que él llamaba sueños, no se permitía desconcentrarse, no se desenfocaba, no permitía que se diluyera en las cadenas de la esclavitud, en los barrotes de la cárcel no merecida, mucho menos en los placeres de las sábanas de la linda esposa de su jefe Potifar, capitán de la guardia de Faraón.

Esas sábanas no iban a ser lo más cerca que José llegaría del reino, él lo decidió así. Hay quienes piensan que lo que les sucede es culpa del azar, ignorando su cuota de responsabilidad en muchos aspectos de su vida.

Cambiemos nuestra actitud, pasemos de una respuesta reactiva a lo que nos pasa, por tener una proactiva. Una persona proactiva es aquella que asume responsabilidad, como señala el Dr. Covey en *Los 7 hábitos de las personas altamente efectivas*, las proactivas son personas de acción, que cambian su lenguaje, buscan alternativas, encuentran un enfoque distinto de lo que les sucede, controlan sus sentimientos y eligen dar la respuesta adecuada a lo que les pasa en la vida. "Ser proactivo es elegir su propia actitud y respuesta ante cualquier circunstancia".

Lo que somos hoy es la suma de todas las decisiones que hemos tomado a lo largo de nuestro peregrinar en esta tierra. Tal vez toda la vida le ha estado preparando para un día, para una decisión como la reina Ester en la

Biblia quien entendió y dijo "*para esta hora he llegado, para este tiempo nací*".

¿Qué tan lejos llegarías por tus sueños? ¿Qué estarías dispuesto a resistir por cumplir tu propósito en la vida? ¿Los dejarás acaso caer ante los problemas y situaciones que la vida te depare? ¿Permitirás que tu crisis te detenga? ¿Terminarás en las gradas de un bar ahogando tus penas o en la cama de una mujer ajena contándole lo duro que ha sido tu vida?

Es momento de decidir estimado lector, si darle la vuelta y usar la crisis que atraviesas, soportar todo lo que venga y continuar hasta el final, hasta el último *round* o por el contrario, dejar que tu crisis te use y convertirte en la historia de lo que pudo haber sido.

Existen situaciones que a veces derivan en problemas, ambos si no son afrontados oportunamente pueden escalar a crisis. Todos estos, las situaciones, problemas, procesos y crisis serán los culpables de nuestro crecimiento, dirección, entrega y carácter o todo lo contrario, nuestra ruina si lo permitimos. Llegarán a tu vida momentos en que leer sobre Job o escuchar a Samuel Hernández testificar simplemente no será suficiente, tendrás que estar ahí para entrevistarte con el dolor y el sufrimiento, con olas mucho más altas de las que jamás pensaste que podrías navegar.

Como dijo Shakespeare, "*El grado de acierto de lo que hacemos en medio de una crisis marca la diferencia entre la miseria y la fortuna*".

No te confundas, este no es un libro de autoayuda, es uno práctico donde abordamos la realidad de la experiencia propia y de otros, preséntanos la evidencia, el

veredicto, la decisión final. Pasar de las letras a la práctica y de las palabras a los hechos estará en tus manos y en tus pies.

La Otra Cara de Tu Crisis es un llamado a mirar más allá de lo obvio, una invitación a ver lo que una crisis logra en cada uno. Es un desafío a no tirar la toalla, no cerrar las puertas de su negocio, esperar, aguantar un poco más. Un clamor para que cambiemos de actitud cuando llegue tu crisis. Trae recomendaciones que en resumidas cuentas, no son más que una búsqueda por cooperar positivamente con el logro de tu propósito de vida. No importa quién seas, ni qué tan alto has llegado, en algún momento te encontrarás en medio de tu propia crisis y deberás contar con la actitud y herramientas para minimizar el impacto, las consecuencias y alcance de los sucesos relacionados con ella.

Y si ya estás ahí en medio de la peor crisis de tu vida, quizás piensas que no sobrevivirás a esta catástrofe que te aturde. Permíteme sugerirte caminar despacio por el camino donde vas, es arena movediza que puede sepultarte en cualquier momento, aún no es el final, puede que sea solo un episodio de la batalla. Este libro servirá para gestionar la crisis de la mejor forma. Lee con detenimiento lo que presento a continuación, tal vez aquí está la otra cara de tu crisis.

CAPÍTULO I

CRISIS: REALIDAD QUE ATURDE

Nadie se conoce hasta que ha sufrido.
Alfred de Musset

Tuve un amigo que se suicidó. Cuando escuché la noticia también me quedé atónito. 16 horas antes de ese fatídico hecho me habló por teléfono, fue una conversación cotidiana y normal, se notó como siempre, afable, trabajador, planificador, entregado y dispuesto a colaborar.

Esa mañana la noticia de su muerte fue también un disparo a mi cabeza. Hurgué mentalmente en nuestra última conversación como queriendo hallar un atisbo de explicación a lo que había pasado. Nada. Repetía una y otra vez las cortas palabras que nos dijimos en un ejercicio infructuoso para entender por qué alguien tan inteligente y sagaz como él tomó aquella decisión tan maldita.

El montón de información que llegó después daba cuenta de que mi amigo vivía situaciones difíciles. ***Una crisis era la culpable, no hizo falta mucho para entenderlo.***

Tal vez pensarás que contarte de alguien que no resistió, no ha sido la mejor forma de iniciar este libro. De esta conversación busco hacer visible que los seres humanos pasamos por diferentes clases de crisis en este peregrinar de la vida, todo el mundo tiene su agujero negro del que supone no podrá salir. No importa quién sea, si es creyente o no, profesional de alguna área, casado o soltero, ama de casa o mujer de empresa, ministro o profesor de escuela, la crisis no discrimina, todos somos blanco de algún tipo.

Desde aquella gran pérdida no dejo de pensar en la crisis por la que pasó este hombre para terminar con su propia vida, las posibles soluciones que pudo tener y sobre todo, los diferentes caminos que pudo haber tomado. Entonces inunda mi mente la expresión más infructuosa ante una crisis, *que hubiese pasado si...* Si tan solo se hubiese detenido a ver que a su alrededor había gente que le amaba mucho, familiares y amigos dispuestos a buscar soluciones a sus peores crisis. Si hubiese buscado ayuda. Si hubiese soportado un poco más. Si hubiese esperado encontrar el otro lado de su crisis.

Las estadísticas señalan que cada 40 segundos alguien termina con su vida según la Organización Mundial de la Salud. Igual de asombrosas son las cifras de muerte de mujeres cada día a manos de sus esposos o novios, divorcios de matrimonios que no llegan al tercer año, abortos y un gran etcétera. Guerras, hambre, corrupción, odio y pérdida de valores morales son parte de las crisis que enfrenta el mundo, no importa el lugar, esos tipos y otros de crisis están presente. Ninguna es pequeña para quien la enfrenta, así que es necesario tomarlas en serio y aplicar fórmulas precisas de gestión de crisis de forma particular.

Este libro *La Otra Cara de Tu Crisis*, es un desafiante viaje por la árida carretera sin iluminación llamada crisis. Recorramos juntos, buscando la forma correcta en que debemos afrontar lo que nos sucede.

Haré preguntas cuya respuesta sé que tienes, date la oportunidad de contestar. ¿Qué harás con las piedras que la vida te lanza? ¿Qué harás con la basura que se incendia alrededor? ¿Llorar, lamentarte? ¿Hasta cuándo?

EL CONCEPTO DE CRISIS

La palabra tal vez no necesita definición. ¿Quién puede ignorar su significado cuando el mismo hecho de nacer supone una crisis? Pero ¿Qué significa?

Es frecuente que todos asociemos la palabra crisis con dificultad, riesgo y peligro, sin embargo, como señala el profesor José Luís González de Rivera, la esencia de la palabra crisis está más próxima a la idea de cambio crucial, significativo o determinante.

Crisis procede de la raíz sánscrita *Skibh*, que quiere decir separar, cortar, fue asimilada por la voz griega *Krisis*, que se tradujo como decidir.

Hipócrates le dio el uso al término crisis para referirse al momento en el que una enfermedad cambia su curso, para bien o para mal. Es así como se ha definido últimamente como momento decisivo en un asunto de importancia.

Así que crisis significa "separar" o "decidir". Estas derivaciones indican que "crisis" es a la vez decisión, discernimiento, así como también un punto durante el cual habrá un cambio para mejorar o empeorar.

Es una de las palabras que captura miles de búsquedas diarias en los diccionarios en línea, mucho más en el contexto de pandemia en el que nos encontramos. En el campo económico, político, deportivo, familiar, eclesiástico, social y hasta psicológico, se le usa al referirse a toda situación incómoda.

Es debido a este uso tan menudo y cotidiano que la palabra crisis se ha banalizado, es decir, a cualquier situación las personas y los medios de comunicación le llaman crisis.

No es cualquier situación que vivimos en los diferentes escenarios, como en la familia o en el trabajo, eso son situaciones problemas y hasta procesos. Aquí hablamos de crisis a esos problemas y situaciones que han derivado en lo peor.

MITO VS. REALIDAD DE LA PALABRA CRISIS

Crisis no significa oportunidad, no automáticamente. Ha sido ampliamente discutido por lingüistas chinos, aunque es un buen recurso para animar

discursos políticos desde Kennedy hasta nuestros días, no es real.

Es momento decisivo de algo o de alguien, es el precipicio. Es la antesala de la quiebra, desorden, divorcio, la muerte. Ya basta de intelectuales de salón que buscan hacerse los interesantes, mucho menos en estos tiempos de crisis sanitaria por COVID. Repetirlo no hará que sea cierto.

Es separación o punto de ruptura. Se utiliza incluso en medicina para referirse al momento en que el paciente está a punto de morir. Así que, no señores gurús, no quiere decir oportunidad. Claro que en tiempos de crisis existen oportunidades, buenas y malas, como también las hay en completa normalidad y calma.

Un científico del idioma, un filólogo y sinólogo llamado Víctor H. Mair, mediante estudios, ha demostrado que la interpretación de la palabra crisis en chino que todos traducían como oportunidad se trataba de un error. En realidad significa un punto crucial o crítico.

Nadie es lo suficientemente ingenuo para creer que en tiempos de crisis llegarán sus mejores oportunidades. La mejor opción para alguien que está tal como viene a decirnos el término “krisis” en griego, al borde de la muerte, de la quiebra, de la bancarrota o de vivir en la miseria, pareciera que es lanzarse al vacío. No hay mucho tiempo allí, no estamos en la comodidad que brinda la normalidad y la rutina, no se cuenta con el tiempo para evaluar todas las posibilidades. A veces en medio de crisis, solo se logra ver con facilidad el precipicio, saltar a la piscina sin preguntar si hay agua es una opción frente a nosotros, un salto alocado cerrando los ojos y cruzando los dedos.

La verdad es que en crisis abundan las malas oportunidades, las de menos rigor, las que tienen más riesgo. Sabemos que no hacer nada es lo mismo que perder, sería ceder terreno a la enfermedad, muerte, desahucio, a la quiebra. Así que, como por camino oscuro y con las luces apagadas, tomamos decisiones teñidas de sombras e incertidumbre, nos entregamos a ellas como si fuera el último clavo en llamas que nos quedará por agarrar. No nos queda más remedio. Si hay que jugársela a una carta lo haremos. Pero no nos dejemos engañar: en tiempos de crisis las buenas oportunidades escasean y a menudo no están en manos de los que más están sufriendo los devastadores efectos de la pérdida de su negocio o situación similar.

Si tengo que construir mi propia definición diría que crisis es esa situación, dentro de un proceso, evento momentáneo que llega cada cierto tiempo con suficiente fuerza para sacudirlo todo y se asegura que lo que esperábamos no llegue, que lo que calculamos no funcione, que nuestras expectativas no se cumplan, que el sol se esconda, que nuestro día se ponga gris, que desaparezcan los colores y que la luz sea sustituida por oscuridad. Tu crisis hace que todo se derrumbe. Eso sí, deja suficientes pedazos para construir algo nuevo y mejor, si es que nos atrevemos.

He dicho momentáneo y no ha sido un descubrimiento propio, sino que lo obtengo de los pensadores y filósofos que nos brindan las traducciones que más arriba he dado. Toda crisis es momentánea, por más fuerte y larga que sea, no durará para siempre. La tormenta de crisis empeorará o mejorará dependiendo de tu actitud, trabajo, fe y empeño.

En la carta Segunda a los Corintios, escrita por el apóstol Pablo, él dice en el capítulo 4 verso 17 "*Porque esta momentánea y leve tribulación produce en nosotros un cada vez más excelente peso de gloria*" (NVI). Me encanta que sea Pablo quien escriba sobre tribulación momentánea y leve. Precisamente él que había pasado por tantas cosas, nos motiva a llamar momentáneo un tiempo, una temporada en que las cosas no están saliendo como planeamos pero seguimos en el camino. Cuando escribe esta carta, el apóstol había sido más de una vez perseguido, apedreado, tirado, dado por muerto, encarcelado, abofeteado, humillado, sin embargo, como señala el diccionario CLARK, Pablo "opone las cosas presentes a las cosas futuras, compara momento a eternidad, ligereza a peso y aflicción a gloria" de forma que llama a aquello crisis momentánea, no refiriéndose al tiempo que lleva padeciendo sino a la gloria que vendrá cuando terminen esos padecimientos.

Cualquiera que sea la situación que estás viviendo ahora, no la magnifiques, pero mucho menos la subestimes. Esto que está ocurriendo puede cambiar el curso de la historia, aplastar todo por lo que has trabajado los últimos años, dejarte sin familia o empleo, hacer que no levantes más la cabeza y que cambies para siempre lo que tus hijos piensan de ti. Así que llámese como se llame, solo digámosle *tu crisis*.

Trae consigo la inevitabilidad de transformación, es decir algo va a romperse después de una crisis. Pasará aún cuando estés de brazos cruzados.

No me erijo como un gurú para especular sobre lo que hace falta en tiempos de crisis, sin duda lo que menos necesitas es que alguien instalado en el bienestar te dé lecciones sobre cuál es el camino de baldosas blancas que te llevará a la cúspide.

La idea es mostrar que el éxito en tiempos de crisis es mucho más esquivo. No se ve claro, no es la primera opción. Será doloroso, quebrantará, aniquilará el ego, tendrás que humillarte, se presentará delante de ti una única vez, envuelta en un lienzo de sombras, sobre el montón de pedazos que representa la situación actual, llegará, no será un ángel con alas, no será la propuesta que esperabas pero será la puerta de salida a la crisis, tendrás una oportunidad y esa es la única certeza que tenemos.

Si has sido desahuciado del trabajo, estás divorciado, no puedes encontrar pareja, eres estéril, has engañado a tu esposa(a), si has defraudado a tus hijos, estás en bancarrota, perdiste la casa, te agobia el alcohol o las drogas, padeces cáncer u otra enfermedad terminal, has evaluado terminar con tu vida o la de un bebé que llevas dentro, la pobreza es tu crisis, tienes sueños de crecimiento que sientes se alejan cada día: Amigo mío, amiga mía, te extiendo mi mano y ofrezco que hagas un alto en el camino por el que vas, laves tu rostro con colirio, porque estoy seguro que hay mucho más por ver alrededor, hay cosas maravillosas a las que posiblemente no estés prestando atención. Te invito a observar con detenimiento y cuidado quirúrgico todo tu entorno.

#MuerteposibleNOesmuertesegura

¡El juego no termina hasta que se acaba! Como lo diría Dante Gebel: *No es lo mismo muerte posible a muerte segura*. Estar vivos es el regalo más hermoso que el Creador nos ha dado, junto con la vida estamos dotados con equipos de última generación que aún con el mínimo de energía, puede generar maravillosas ideas que podrían revolucionar todo a nuestro alrededor. ¡Confía, el Creador lo hace!

Cuando la mamá de Moisés entendió que lo matarían los esbirros de Faraón, decidió meterlo en una cajita llena de fe y esperanza. Lo hizo porque sabía que la muerte era posible, así que optó por la última oportunidad porque definitivamente muerte posible no es muerte segura. Dios guió la cajita de madera hasta el camino del propósito de Moisés en los brazos de la hija del gobernador Egipcio.

Si se cuenta dentro de los tantos que pasamos por alguna crisis, veamos juntos: ***LA OTRA CARA DE TU CRISIS.***

CAPÍTULO 2

TIPOS DE CRISIS

"En las grandes crisis, el corazón se rompe o se fortalece".
Honoré Balzac

Como hemos explicado, el término crisis ha recibido diferentes significados en función de las intenciones de los distintos autores. Es una palabra que ha tenido un sentido dramático y negativo durante siglos que sólo recientemente se ha intentado dar un concepto más positivo y esto gracias también al desarrollo de nuevos aportes sobre la misma.

Derivado etimológicamente de una palabra griega, crisis significa separación y elección, con estas dos acciones se define un proceso que consiste en un período en el que debe tener lugar una separación (de algo o alguien), antes de que pueda tener lugar una elección (de algo o alguien), una evolución, cambio, aprendizaje y entre estos un tiempo, un antes y un después.

Crisis las hay de todo y para todos; Económicas, familiares, comunicativas, empresariales, psicológicas, estructurales, climáticas, ambientales, espirituales o de fe, políticas, personales, internacionales, naturales, identidad, iglesia, liderazgo, profesional, adolescencia, judicial, policial, matrimonial, cultural, moral y el etcétera es inmenso.

En todas y cada una de las actividades del ser humano puede abrirse un hueco en el que cabe un fenómeno grave, súbito y peligroso. Una crisis es un acontecimiento inesperado con la potencia suficiente para causar una catástrofe en tu vida, matrimonio, economía, empresa, familia y país.

Solo algunos ejemplos de crisis

CRISIS ECONÓMICA

La llamo madre de todas las crisis. Desempleo y empobrecimiento son la estela de lo que luego será caer en crisis económica. Ella es el caldo de cultivo para la formación de otras, pues cuando una persona o un país han caído en este tipo de crisis, se crea un círculo vicioso del cual salir no es posible con poco esfuerzo. Pobreza produce eso, más pobreza. Allí se encuentran muchos de los focos de crecimiento de la delincuencia juvenil, la ratería y otros males, pues en este ambiente es mucho más fácil, cercano y parece menos doloroso el camino del mal.

CRISIS MATRIMONIAL

El matrimonio es el jardín donde dos se convierten en uno o buscan serlo, sin embargo, muchas vivencias siguen siendo individuales, decisiones, pérdidas y secretos

siguen estando allí en la individualidad. Cosas que nadie puede tener en el lugar del otro y que a veces se convierten en crisis que si no son correctamente gestionadas dan al traste con la relación.

¿Cómo es que a tres años de jurarse amor eterno, Luz y Franklin ya no pueden siquiera estar en la misma habitación? Como si el aire no fuera suficiente para ambos. Dicen que no se soportan.

Un día mientras servía de consejero a una joven pareja que buscaba divorciarse, les pregunté ¿Cómo llegaron hasta esta situación? ¿Cómo comenzó todo? Ellos se miraron y casi estoy seguro que se sonrieron. La verdad es que pocas parejas son incapaces de señalar cuándo, cómo y por qué dejaron de cuidarse, respetarse y amarse para convertirse en modelos de fotografías para sus redes sociales.

CRISIS FAMILIAR

La dinámica familiar como cualquier proceso de desarrollo no es lineal ni ascendente. La crisis de la familia es también de la sociedad. Ya sé que existen situaciones que introducen cambios en la estructura y funcionamiento familiar, esos que son normales que ocurran al interior de toda familia. Es precisamente salvando esas situaciones, perdonándose, empezando de nuevo, que se fortalece el núcleo familiar.

Las crisis familiares no siempre tienen consecuencias negativas y no siempre se relacionan con circunstancias traumáticas, sino que también se relacionan con eventos normales en el desarrollo familiar, esto si tomamos la actitud correcta.

CRISIS POLÍTICA

Se refiere a aquellas que atraviesan los gobiernos y que repercuten en los ciudadanos de la nación. Tan desacreditada como necesaria para el desarrollo de las naciones, la política se nutre de seres humanos cuyas capacidades deberían ser puestas a su servicio y no lo contrario. Así como una institución o una persona, el gobierno de un país atraviesa escándalos, pérdidas, descrédito, baja reputación, crisis de credibilidad, crisis económica y un sin número que ameritan de profesionales para su gestión pues el éxito de un gobierno lo es del país.

CRISIS AMBIENTAL

Una crisis ecológica o ambiental que puede ser local o global, se produce cuando el entorno en el que vive una especie o población sufre cambios que amenazan su continuidad. El ser humano no ha entendido aún una materia tan básica como el cuidado del medio ambiente y esto nos está costando muy caro. El cambio climático, calentamiento global, entre otros son una realidad. Es mucho más triste ver cómo lanzamos basura desde nuestros autos como si esta fuera a desaparecer. Esta es también una crisis de conciencia.

CRISIS SANITARIA

Este tipo de crisis se caracteriza por el repentino aumento de los casos de pacientes que padecen una enfermedad o patología. No hay que señalar el impacto que puede llegar a tener este tipo de crisis para un país y la humanidad si la gestión y solución no son abordadas correctamente.

Esta generación ha visto desarrollarse una crisis sanitaria producto de la Covid19, también hemos sido testigos de cómo esta ha desencadenado en otras crisis, como la del desempleo, migraciones, etc.

CAPÍTULO 3

LAS CRISIS PERSONALES

"El hombre se descubre
cuando se mide con un obstáculo".
Antoine de Saint-Exupery

No hay una crisis más importante o relevante que otra o una persona no podría decir que la suya es más relevante que la mía. Es su crisis, es lo que está viviendo. En lo adelante hablaremos sobre otros tipos de crisis que son parte del catálogo de la vida, un poco más personales.

CRISIS DE REPUTACIÓN

La Biblia dice que el buen nombre vale más que las muchas riquezas, estoy seguro que algunos dirán que con dinero se puede lograr todo, pero los escándalos vividos por gente muy famosa y adinerada, actores de cine, cantantes, peloteros dominicanos, cuya vida y riqueza se ha diluido tras dichos escándalos, le dan la razón al escritor Bíblico. La buena fama, el buen nombre que has construido puede abrirte puertas a lugares que el dinero no lo hará.

CRISIS DEL OPROBIO

¿Ha amado a alguien que no le corresponde? La relevancia de una persona no es como inicia sino como termina. No es un consuelo para aquellos que inician fracasando, más bien es una palmada en la espalda para despertar y avanzar, continuar intentándolo aun cuando los inicios hayan sido destrozos.

Oprobio significa vergüenza y descrédito. Quiero hablarte de una chica que conoció y vivió el oprobio. A su casa llegó un joven apuesto y valiente, era el típico muchacho que toda mujer anhela que llegue para casarse. La vida parecía sonreírle pues ella era la mayor de las hijas y según la regla no escrita, le tocaba casarse primero. Así que imaginemos su ilusión, sueños y deseos de casarse con aquel esbelto hombre que apareció en su vida.

Pronto quedarían frustradas todas sus ilusiones al enterarse que el muchacho de nuestra historia no quería casarse con ella sino con su hermana más pequeña, Raquel.

Sus padres insistieron pero parece que el amor por su hermana era fuerte y no lograron convencerlo. El padre hizo lo imposible para conseguirle esposo a Lea, la muchacha de esta historia. Su oprobio fue tal que para conseguirlo tuvieron que engañar a Jacob.

Hemos leído e imaginado el sentimiento de decepción de Jacob cuando se enteró del burdo engaño al que fue sometido para recibir a Lea en lugar de Raquel. Que decepcionante debe ser que la felicidad de tu hermana a la vez, signifique el oprobio para ti.

Jacob y su suegro se sentaron una vez más en la mesa de la negociación. El viejo zorro lanzó una oferta que estaba seguro Jacob rechazaría.

“Trabaja 7 años más por Raquel si la amas tanto”, le dijo el padre. Su sorpresa fue más grande que su pretensión al escuchar un sí acepto del muchacho. Así que Jacob trabajó 7 años más para obtener su premio, la mujer que en verdad amaba.

Hay dos formas de enfocar este suceso. Podrías pensar que Jacob ama tanto a Raquel que trabajará 14 años para poder casarse con ella, o tal vez que despreciaba tanto a Lea que trabajaría 7 años más para casarse con su hermana.

¿Y qué de Lea? ¿Qué piensa ella? ¿Has pensado en cómo se siente? Enamorada e ilusionada. Ahora tiene un marido que la desprecia a tal punto que se sacrificará 7 años más por otra mujer. La que dice amar, su hermana Raquel.

¿Cómo puede vivir alguien así? ¿Cómo puede sobrevivir a ese desprecio? ¿Qué esperar de ese hogar que se inicia? ¿Cuál será el papel en la vida del hombre que ama y cuyo corazón pertenece a alguien más? He llamado esta parte crisis del oprobio, inspirado en esta mujer que continuó amando aun cuando no recibe amor del otro lado.

El oprobio no cambió a Lea, ella amó a Jacob. Le dio descendencia esperando ser amada, entendida, correspondida alguna vez.

La verdad es que como en cada proceso de crisis por el que pasamos, pueden dársele muchas lecturas. Para algunos Lea es una tonta que se enamora sin ser correspondida. Yo veo en ella mucho más que eso, observo a una mujer que no pierde las esperanzas, una persona que no traiciona sus sentimientos, no renuncia, no se cansa.

Sin juzgar el contexto en que se desarrolla su vida que dista mucho del actual, Lea es una mujer que representa aquella cuyo matrimonio es amenazado por otra relación que la arrastra hacia las cuerdas de la desventaja, el oprobio y abandono.

La Biblia relata un hecho, es solo un destello de luz que no da mucha información pero en el cual podemos basarnos para ejercitar nuestra imaginación y expandir la historia, hasta llegar a suponer que hubo un final feliz para esta mujer. Primero Dios le dio la bendición de "llenarse de hijos", mientras Raquel confrontaba su propia crisis de esterilidad que le impedía hacer totalmente feliz a Jacob, quien tuvo que admirar su primera esposa, la que Dios había hecho fértil y fuerte para darle hijos.

En segundo lugar, hay una oración en Israel que se repite de generación en generación (Rut 4:11) que reconoce a Lea y a Raquel como parte importante de la historia de ese pueblo.

En tercer lugar, en Génesis 29 puede observar que Jacob cuando se halla pronunciando su testamento,

confiesa su anhelo de ser enterrado en el sepulcro familiar donde "enterró a Lea" (NVI).

Dios es el dador de todos los buenos regalos y Lea siempre dio crédito a Dios y a sus bendiciones. Cuando se sentía sola y sin amor, oraba y confiaba en Dios. Él estuvo allí para ayudarla en una crisis que causó su padre. La oprobiosa Lea, se aferró a la esperanza y vio que Dios la bendijo con una cantidad admirable de hijos, su herencia.

CRISIS DEL ESTIGMA

"Las ventajas de las desventajas".

Lo anterior es una frase de Bróker T. Washington, quien nació en la esclavitud y decidió pasar de eso a dedicarse a educar a los de su raza.

Muchas veces sentimos que al nacer ya está esperándonos un *ticket* para subir al tren de una crisis, desventura, sufrimiento y los estigmas. Ser negro, latino, mujer o pobre, en algunas circunstancias y esferas de la vida ha sido igual de doloroso. Y estas etiquetas duelen, representan lo peor del hombre antes de su evolución espiritual.

En el medio oriente el estigma por nacer mujer raya en lo irracional, es parte de un código al que para sobrevivir hay que adaptarse y callarse. No se trata solo de un velo para la cabeza sino también para el cerebro.

En este contexto amargo e inimaginable, la Biblia sorprende con un trato digno a la mujer, estigmatizada hasta más no poder. Dios en el antiguo testamento y Jesús en el nuevo fueron sus defensores más carismáticos.

Mateo capítulo 1, hace justicia de un plumazo a este ser tan golpeado cuando nos narra sin pausas la genealogía, la ascendencia del Salvador del mundo y en ella resalta la inclusión de 5 maravillosas mujeres cuya historia cambió su mundo. Ellas nacieron en crisis y la vivieron en carne propia. Cada una en su época, en circunstancias distintas pero como parte de un fin que hoy podemos juzgar como ideado en el cielo.

Mujeres como otras, que estaban en desventajas ante la vida pero era precisamente allí en el desierto de las desventajas, desprestigio, pobreza, murmuración, crítica maliciosa, castigo injusto y del paredón de la vergüenza, precisamente en ese lugar donde ya no hay un piso más bajo al que descender en el que Dios apretó por ellas el botón del ascensor que las llevaría hasta el final del edificio.

Cuando nada le quede, cuando haya conocido el piso de las desventajas no importa la razón que lo llevó allí o porque nació en ese lugar, aproveche las ventajas de las desventajas.

Se nos narra la ascendencia nada más y nada menos que de Jesús, el más grande líder. Y quiero decirte que la historia de su árbol genealógico es todo un mundo de gente en desventajas, es mucho más interesante que la mayoría, es un conjunto complejo de vidas pecadoras comunes, que finalmente condujeron a ser familia del Mesías.

Comenzaré mostrándote que algunos de los antepasados más asombrosos enumerados en el primer capítulo de Mateo son mujeres. RAHAB, RUT, TAMAR, BETSABÉ y MARÍA. En la genealogía de cualquier persona de ese tiempo, es muy difícil encontrar registrado los nombres de mujeres. En la de Jesús se mencionan cinco. Otro hecho interesante es que la genealogía está simplificada, lo que obedece a la costumbre de los escritores y al espacio que supone nombrar a todos y cada uno de los miembros de una ascendencia. Entonces ¿Por qué Mateo eliminaría generaciones importantes para poner a Tamar, Rahab, Rut y Betsabé en la lista de miembros principales de la familia de Jesús? Para llamar la atención.

Todo el mundo tiene una historia vergonzosa. Estas mujeres representaron en sus épocas lo opuesto al orgullo de una generación. Sin embargo, por la gracia y misericordia del Creador, fueron participantes esenciales en el cumplimiento de las promesas de Dios a Abraham y David, en las que le prometió a Abraham que muchas naciones serían bendecidas por su ascendencia y a David que de su linaje levantaría un Rey permanente. Mateo comienza su evangelio y nos muestra que estas promesas de linaje se han cumplido. Jesús nace y es una bendición para las naciones y también para el Rey eterno.

TAMAR

La primera de estas mujeres mencionadas es Tamar. En Génesis 38 se narra su desventura cuando pierde a su esposo y nadie de la familia desea tomarla por esposa tal como era la costumbre. Ella sería condenada al abandono y a la soledad sin descendencia pues no tuvo hijos. Era la costumbre y la ley de la ciudad. Esta mujer actuó sagazmente ante el trato egoísta de la gente que debía redimirla.

Así que con astucia, se aferró a la idea de dar descendencia, ser útil, no sabiendo que con este acto hacía posible la continuación del lazo de sangre de donde saldría el salvador del mundo. Debido a esto, contribuyó al linaje del futuro rey de Israel teniendo un hijo de Judá.

RAHAB

Rahab representa ese tipo de persona del que la familia no habla, no se siente orgullosa. Ser prostituta no supone aún en nuestros tiempos tan abiertos algo por lo que sentirse orondos. Ella no pertenecía al pueblo de Israel, su país entraría en guerra con los israelitas y en ella actuó una fe que la hizo entender que Dios estaba con ellos.

Reconoció y tuvo fe en el Dios de ellos como suyo y se convirtió en parte de la raza que produjo al verdadero Rey de Israel. Rahab fue injertada en el reino de Dios por fe. Aunque ella no era uno de ellos, Dios continuó la historia de su Hijo a través de esta prostituta que se convirtió en un miembro fiel del reino de Dios (Josué 2: 6; Heb 11:31).

RUT

Rut tampoco era Israelita de sangre y sabemos lo traumático que era para alguien no judío vivir entre ellos, máxime cuando no era un secreto que ella era parte de una nación hostil. En una de esas vueltas de la vida, se casó con un israelita y se enamoró también del Dios de Israel.

Al perder a su esposo, decide continuar con este voto de fe que ha hecho por Dios. Regresa a Israel

con su suegra, cargando en sus hombros la tristeza de la desventura, estigma y desesperanza. Entregadas ambas al desdén de un mundo hostil contra mujeres sin descendencia.

Como se busca a un salvador cuando se está perdida, Rut desea alguien que quiera restaurar la protección y el estatus de su familia. Aparece un hombre cuyo corazón noble redime a esta joven, es Booz cuya misericordia por Rut asemeja la de Cristo por la humanidad. El nacimiento del hijo de ellos está inscrita en la de un verdadero redentor que vendrá del linaje de Rut.

BETSABÉ

Hasta los no creyentes conocen la historia de David, de cómo se volvió loco con la figura de una mujer a quien observó bañarse en el patio de su casa. Obligándola a complacerlo, el rey David asesinó a su esposo y como resultado del pecado, su bebé murió. El rey se aprovechó de ella, la avergonzó y la despojó de su pureza y protección. Esta mujer es Betsabé, la pérdida del producto de la relación, su primogénito es una consecuencia trágica de su pecado. Sin embargo, Dios redime sus circunstancias dándole otro hijo que continuará la línea de un David arrepentido. Salomón cuyo linaje conduce al Rey Verdadero: JESÚS. En esta historia para nada son ejemplo David y Betsabé, Dios es el modelo, quien hace de personas pecadoras arrepentidas gente con propósito inmenso.

MARÍA

María, virgen embarazada del Hijo de Dios, rápidamente en peligro de divorcio de su marido quien estaba seguro del estigma a que serían sometidos. Si de algo debemos estar seguros es que veinte siglos no han sido suficientes para cambiar seres humanos listos para señalar, humillar, calificar y juzgar todo lo que pasa a nuestro alrededor, aun cuando aquello pueda significar que la obra de Dios esté pasando frente a nuestros ojos.

María, obediente y humilde, da a luz a Jesús. El mismo que participó como Dios en la protección de Tamar, Rahab, Rut, Betsabé y redimió sus vidas cubiertas de pecado.

Aún vivimos una sociedad que estigmatiza por ser mujer, negro, joven, soltero, divorciada o por simplemente ser pecadores. Entiendo muy bien que la genealogía de Jesús se nos presenta como la mejor jurisprudencia o tesis de oportunidad ante tu crisis de estigma que puedas estar viviendo.

Estas mujeres en el árbol genealógico del Redentor de la humanidad, son el acento que necesita quien esté viviendo bajo estigmas de los demás, son la prueba fehaciente del apoyo de un Dios misericordioso a los pobres, desventurados, desplazados en razón de su sexo, color de piel, juventud, forma de pecar, etc.

CRISIS DE LA MINORÍA

En una ocasión doce jovencitos fueron enviados con una misión a una ciudad llamada Canaán. Los envió el caudillo y su objetivo era infiltrarse en aquella tierra porque su Dios les había prometido que los recibirían como regalo.

No era lo que habían imaginado, no era simplemente pasar por la oficina jurídica y recibir un título de propiedad. A mucha gente le asombra enterarse que a veces las bendiciones de Dios suponen un esfuerzo mínimo y un poco de fe.

Los muchachos en la tierra vieron cosas muy lindas, llamativas, como los racimos de uvas y de guineos. Pero también observaron lo obvio, que había habitantes allí que eran fuertes hombres mucho más grandes que el más alto de ellos. Utilizaron la palabra gigantes para que quienes no los vieron, se hicieran al menos idea de lo que estaban por enfrentar.

Al regreso imagino que no hubo consenso sobre cómo dar el informe de la visita. No había unanimidad. La mayoría, 10 de ellos atemorizaron al pueblo para protegerlos de una segura muerte. Mientras que hay dos de ellos que tienen un informe disidente.

Es lo que saca las crisis de nosotros, lo que hay dentro. Una correcta actitud decidirá la altitud de tu vuelo en la vida, como ves las cosas que pasan a tu alrededor es clave para avanzar.

¿Has escuchado del famoso 80/20? Se refiere a que la mayoría ve temor donde pocos logran descubrir posibles.

Cuando atravesamos una crisis como esta en la que se es parte de la minoría, en la que levantar la mano o tu voz para defender lo que crees significaba tal vez perder la vida o el crédito y respeto de toda la comunidad. Muchos optarán por no enfrentar a la mayoría, dejarán que los demás cuenten la historia tal como ellos la ven y permitirán que se coloque su punto de vista solo porque nadie más ve lo que ellos dos. Se consuelan detrás de un temor a confrontar tu crisis de miedo a ser diferentes. Los entrecoge, los eleva y sepulta.

Josué y Caleb no estuvieron dispuestos a callar. Toda crisis ofrece dos caminos, uno elige si permanecer en la seguridad, comodidad y protección o por el contrario caminar por el otro atravesando el ojo de la crisis cual huracán.

Ellos elevaron su voz después que sus diez compañeros contaron su historia de fracaso. En el libro de Números capítulo 13 en la Biblia, se narra cómo los 10 primeros jóvenes expusieron las razones de por qué no ir a Canaán y créame que ellos estaban en lo correcto sobre los gigantes, así que debía ser muy bueno lo que dirían Josué y Caleb sobre aquel lugar para rebatir un informe como ese.

Hoy día nadie recuerda a aquellos diez muchachos cuyo informe solo se concentró en el lado negativo de las cosas. Haz un esfuerzo por recordar alguno de sus nombres, verás que es infructuoso. Lo contrario sucede con los nombres de los valientes Josué y Caleb, los siglos no han sepultado sus nombres ni lo harán, porque nada ni nadie ocultara aquellos hombres quienes no se limitan a ver medio vacío un vaso con agua, sino a verlo medio lleno.

Aún sigue avistando crisis de minorías por doquier. Nuevas luchas en los ámbitos político, religioso y moral se libran en todo el mundo. Las grandes masas se ciernen devorando a los que piensan diferente.

Hay países donde la guerra de derechos de última generación ha ganado la batalla de tal forma que

los heterosexuales, los matrimonios de sexo opuesto y los cristianos, son arrinconados hacia lugares lejanos y privados del ejercicio de su libertada de expresión.

Asusta ser minoría. Callar sigue siendo una opción pero no para aquellos que saben que las crisis no son eternas. Ellas llegan para extraer lo mejor de nosotros.

Resistamos juntos la ola de crisis que se levanta en hordas gritando poseer la razón tan solo porque son la mayoría, la realidad triste es que despertarán un día sabiendo que no es verdad.

CRISIS DE FE

¿Alguna vez ha orado y no recibió lo que pidió? El escritor bíblico de Hebreos da múltiples ejemplos de grandes hombres de fe que oraron y no recibieron.

Los creyentes de hoy deberíamos distanciarnos de ese mote que se da a la generación actual, venida a llamarse "generación de cristal" porque se molesta ante cualquier evento, como el no ser correspondidos.

Hay una gran historia de fe narrada en Daniel capítulo 3. Se trata de 3 muchachos a los que se les pregunta si obedecerían un mandato que ellos consideran ofensivo al Dios a quienes sirven. Su respuesta es no, dejando claro que seguirán respondiendo no aunque Dios no los libre de la muerte.

Tu crisis de fe puede tocar un día nuestras vidas. La comunidad a nuestro alrededor nos hostiga por respuestas que a veces no podemos dar porque ni siquiera nosotros las tenemos para nosotros mismos; una clara definición de nuestra fe es necesaria para contrarrestar estas presiones externas o internas.

Ha quedado claro que la fe no es recibir todo lo que se desea, no debemos sucumbir ante tu crisis que supone no recibir lo anhelado. Antes bien nuestra fe debe agigantarse ante la prueba de nuestra bendita esperanza en Dios, aun cuando esto suponga no recibir en el presente más que su aparente silencio.

CRISIS DE CREDIBILIDAD

Yo creo en las segundas oportunidades. Estamos rodeados de errores, nos equivocamos y los demás también lo hacen.

La justicia no es infalible, las historias de Proyecto Inocencia (programa de ayuda a presos condenados siendo inocentes) en Estados Unidos, demuestran que aún con protocolos amplios y rigurosos, inocentes son condenados. Estadísticas confiables indican que un 51% de condenados en épocas pasadas, deben ser liberados ahora que se cuenta con análisis de ADN.

Es el mensaje transversal en toda la Biblia, es una filosofía de vida muy saludable pensar que todos merecemos recomenzar. Dios piensa así. Innumerables segundas oportunidades fueron otorgadas con su bendición a personas a lo largo de la historia de salvación contadas en el más importante libro de todos los tiempos, la Biblia. Las segundas oportunidades existen, Dios es su promotor.

Puedo citar dos casos sobre este tema

A lo largo de la corta historia de Jesús en la tierra realizó cientos de milagros, uno de estos fue expulsar de María Magdalena siete demonios que la atormentaban. Después de este milagro, la vida de esta mujer cambió radicalmente. En adelante se le menciona siempre siguiendo a Jesús y apoyándole con dinero.

María de Magdalena se convierte en una activa seguidora de Jesús a pesar de que la cultura y costumbre de la época del pueblo le imponen muchas reglas. Se le ve por ejemplo cerca de Jesús durante su pasión y muerte. Lo propio al momento del depósito del cuerpo por José de Arimatea, esta mujer a quien Jesús otorgó un segundo chance, continúo tras Él.

En la resurrección, aunque el testimonio de una mujer no era tomado en cuenta si se ofrecía en un juicio según la ley judía, Jesús escogió a las mujeres para ser las primeras en saber que había resucitado y dentro de ellas a María Magdalena, de la que antes habían salido 7 demonios. Para ser la primera que lo vea y para ser quien anunciará a los demás discípulos que había resucitado. Si esto no es dar una segunda oportunidad a alguien a quien la sociedad no valora por sus pasados errores, ¿Qué es?

Juan Marcos es nuestro segundo ejemplo de crisis de credibilidad. La Biblia cuenta en Hechos capítulo 15 triste pero cierto, que existen fuertes desacuerdos entre cristianos lo mismo que entre no cristianos. Ni siquiera los apóstoles estuvieron exentos de tales contiendas. Bernabé quiso llevarse a Juan Marcos en el segundo viaje misionero mientras que Pablo no quiso. Marcos los había dejado en el primer viaje y por eso a Pablo le pareció una tontería traerlo con ellos.

La Biblia no intenta ocultar el problema y no culpa a uno ni al otro. Seguramente los dos compartieron la culpa. A pesar de este desacuerdo Dios en su sabiduría y gracia, también usó estas debilidades humanas para expandir su obra. Bernabé regresó a su isla natal de Chipre para continuar el trabajo allí, mientras que Pablo regresó a Asia Menor para visitar las iglesias nuevamente. Como ahora necesitaba un compañero de viaje, Pablo fue a Jerusalén para buscar a Silas, viajaron hacia el norte desde Antioquía, cruzando la cordillera llegando a Derbe y Listra.

Bernabé emprende entonces su viaje misionero con el muchacho que ha sido despreciado por Pablo. Que difícil se debe sentir que los demás no confíen en ti para un trabajo. Si crees la película que los demás establecen sobre ti, claro que eso es lo que pasará. Hará falta algo de actitud y amor propio para demostrar de qué estamos hechos.

El Dr. Charles Stanley lo dice así: "*No pierda tiempo retorciéndose las manos o lamentándose por sus errores o pérdidas, busque una lección positiva en tiempos de fracasos o derrotas. No busque excusas, justificaciones, ni razones, crezca de sus errores*".

Más tarde encontramos noticias halagadoras de nuestro joven amigo Marcos. En Filemón 1:2 acompaña al apóstol Pablo, sí al mismo que antes no lo quería cerca por creerlo inmaduro y falto de compromiso para la obra misionera. Pablo lo llama colaborador y que además le es muy útil en su servicio. Evidentemente a lo largo de los años, Juan Marcos había madurado y se había convertido en un fiel servidor del Señor. Lo último que escribe el apóstol sobre Marcos es lo imprescindible que se había convertido para él, preso en Roma.

No importa lo que haya pasado antes, ¡Levántate! Cambia lo que la gente ha dicho de ti. Hazlo con esfuerzo, muévete de esa zona de crisis de credibilidad, paga las deudas, inicia de nuevo, gana la confianza de la familia una vez más, la de Dios ya la tienes.

CRISIS DE ESTERILIDAD

La Biblia en el libro de Rut, narra la historia de ella y su suegra Noemí. La familia salió de Israel en busca de mejor economía hasta extender sus límites a lugares no autorizados por Dios. Vivían en un Israel golpeado por la crisis económica y espiritual. Sus hijos se casaron con mujeres Moabitas, obviando una prohibición explícita establecida de no hacerlo. Para algunos salir de la crisis supone volarse las reglas. Esta historia muestra que no es correcto.

Los resultados fueron catastróficos. Su esposo murió y más tarde también murieron sus dos hijos como si se tratara de una historia de terror. La nueva tierra a la que llegaron huyendo de tu crisis económica y espiritual ha sumado a su vida esterilidad. Su situación es tan mala que al regresar a Israel, porque regresó, pidió que no la llamaran más por su nombre que evocaba dulzura como significado, "llámenme mara", gritó desesperada.

El afamado autor Riqui Gell en su éxito de librerías *El Dios de los Procesos* dice:

"*En la voluntad de Dios puede que algún tiempo haya escasez, pero fuera de su voluntad hay esterilidad y muerte*".

El éxito es perseguido hasta en nuestro subconsciente, es el motor que nos mueve. Ser productivos, engendrar, crear, dar vida, inventar y dejar legado, es la aspiración de cada uno. De ahí que ser estéril en tierra oriental era considerado una afrenta. No tener descendencia era una condena porque la tierra y las posesiones, si no había hijos no podían ser conservadas por la familia. Era la ley.

Así como un árbol que no da frutos, una persona, iglesia, liderazgo que no crece, sufre tu crisis de la esterilidad.

La historia de Noemí culmina en final feliz, pues su nuera Rut logró concebir gracias a que un hombre noble la redimió casándose con ella, manteniendo así el legado de la familia de estas mujeres y al mismo tiempo Dios transformó su historia de esterilidad, pobreza y sufrimientos en una apología de la cual estamos obligados a hablar, pues vinieron a ser parte de la ascendencia de Jesucristo. La Biblia está repleta de personas estériles a quienes Dios otorgó la dicha de ser productivas como a Abraham –Sara; Isaac-Raquel; Jacob-Rebeca, entre otros. ¿Y si no puedes concebir? Aun así puedes reproducir tu carácter, amor, compasión y legado en niños adoptados que esperan por alguien como tú.

Un liderazgo, iglesia, negocio que sufre de crisis de esterilidad, es decir que no se reproduce en el tiempo, está condenado a desaparecer. Hace falta revisar exhaustivamente la visión que conduce dicho liderazgo para encausarlo, enmendarlo, mejorarlo, redirigirlo con la ayuda del Todopoderoso hacia la producción de frutos. Si ha pasado el tiempo y no estás creciendo, si la iglesia a la que diriges o el misterio donde sirves no están reproduciéndose, estás en medio de lo que llamo, una

Crisis de esterilidad. Lo que no crece y se reproduce, muere.

Necesitas hacer un alto, no hagas nada, no muevas nada, no más actividades, no más canciones, no más apariencia. Toma lápiz y papel, gestionemos juntos tu crisis.

#noignoreslasalarmas

Antes de llegar las crisis, hay avisos. A veces se trata de susurros al oído, pequeños disgustos que definitivamente apuntan a inconformidades en el hogar. Otras veces son gritos a gran volumen que no son más que grietas que merecen nuestra atención. Se trate del matrimonio, empresa, liderazgo, ministerio o nuestra propia vida, estos avisos no servirán de nada a menos que les hagamos caso, pues tienen el objetivo de llamar nuestra atención. La verdad es que nos volvemos expertos en ignorar las advertencias y alarmas cuando suenan. Hasta que un día ya es tarde y el problema ha crecido hasta convertirse en una crisis.

CAPÍTULO 4

COVID 19: UNA CRISIS SILENCIOSA

"En los momentos de crisis, solo la imaginación es más importante que el conocimiento".
Albert Einstein

Apenas iniciaba a escribir ***La Otra Cara de Tu Crisis***, cuando toda la humanidad fue sacudida por la peor crisis que esta generación y la anterior hayan visto.

Vivimos días inciertos, este coronavirus como un león hambriento, loco y sin control ha estado corriendo por los continentes llevando desesperación y sufrimiento, dejando una estela de muertos.

Como un asesino silencioso y profesional de las mejores películas, se introdujo en nuestro mundo para sacudirlo y lo consiguió, movió el piso de seguridad y autoconfianza del más encumbrado hombre de negocios, del más respetado político, de las Iglesias casadas con un horario y lugar específico, de las familias que no recordaban mostrarse el amor que sentían, de los empleados que se quejaban de los bajos salarios y de lo mal que vivían, así como de los científicos probados en el mar de pasadas crisis sanitarias. Todos hemos visto que puede ser peor.

¿Quién iba a decir que un pequeño virus no visible a simple vista por los humanos, causaría tanta destrucción? De un momento a otro el mundo se detuvo y fuimos víctimas de confinamiento masivo en nuestras casas, pues era la única forma para prevenir que la epidemia se extienda. Los cambios han sido muy rápidos y duros. El covid impidió incluso que enterremos a nuestros muertos. Pero no estamos seguros que lo peor haya pasado, continúan las muertes y los contagios debido a que el virus muta con rapidez y la ciencia no ha logrado detenerlo por completo. De repente leemos sobre contagios en alguna otra parte del mundo y nos aterra.

Lo que sí está claro para todos es que el mundo no será el mismo después de esta pandemia. Todo lo que hacemos será modificado de alguna manera. Este acontecimiento ha cambiado al hombre, su visión del mundo y su cultura. Esta no es solo una crisis, es una guerra y como toda confrontación, tiene un efecto secundario. La humanidad ha perdido no sólo salud, seres queridos y trabajo, al mismo tiempo nos hemos vuelto víctimas de la inseguridad, la ansiedad, la soledad y el hambre.

Cuando el miedo llegó por tantas muertes, nos refugiamos dentro de las paredes de nuestras casas y abrazamos a la familia como nuestro último sistema de defensa. La tierra respiró por unos días del bullicio

enfermizo y del corre corre del hombre, en realidad la humanidad parecía más unida que nunca.

Recuerdo haber aplaudido desde la azotea, los conciertos que gratuitamente los artistas llevaban en caravanas o desde sus casas por medios digitales. Por todos lados se escuchaban mensajes de ánimo, internet se llenó de loas y deseos de cambio expresados por hombres y mujeres que decían que esta crisis les había mostrado el verdadero valor de la familia. Pero duró muy poco esta unidad.

Ante esta línea delgada casi invisible, entre la vida y la muerte, cuando se está en peligro, la respuesta del hombre en lugar de ser amor, armonía, búsqueda común de soluciones, su respuesta ha sido invalidar los principios y dejar salir sus prioridades. Las hemos visto: hombres mucho más egoístas, monopólicos y desconsiderados, cuyo único y primer deber parece que es acumular riquezas y esconderse para salvaguardarse sin importar quien lo rodea, mientras los muertos y contagiados aumentaban rápidamente, eran estadísticas solamente hasta que se fueron acercando cada vez más a nosotros, viendo caer amigos y hermanos, vecinos, pastores, compueblanos, políticos, doctores y policías, frente a un asesino que no respetaba posición, religión, ideología, estatus. Entonces las pérdidas dejaron de ser números fríos y se convirtieron en el llanto de una madre, hermana, padre, esposo, amigo, hijo.

La pandemia covid-19 demostró muchas cosas, entre ellas el carácter globalizado del mundo, pues rápidamente el contagio descubierto en una ciudad de china viajó de país en país casi tan rápido como las noticias.

Lo siguiente que demostró es la capacidad del mundo para desinformar, la gente estuvo por mucho tiempo indefensa, sin saber a quién escuchar. Los gobiernos no sabían nada, los organismos de salud cambiaban los protocolos constantemente y muchos líderes cristianos de renombre mostraron poca sabiduría para orientar sobre el tema.

Una amiga narra la muerte de su esposo en lo que llama, los quince minutos más amargos de su vida. Un miércoles dentro de la nueva normalidad impuesta por la pandemia, a Luís su esposo le dio síntomas de baja oxigenación. El dato lo comprobaron con un aparato que habían comprado por internet.

Fuimos al hospital, me cuenta señalando con su mano izquierda. De ahí a una clínica privada buscando donde apareciera una cama. Le pusieron oxígeno y estaba estable en 87. Necesitaba internarse en UCI (Unidad de Cuidado Intensivo) pero en esa clínica no tenían.

Yo he escuchado decenas de historias parecidas estos dos años de pandemia. Hospitales llenos, unidades de cuidados intensivos abarrotadas y las estadísticas de muerte, olas de contagio y lo peor, las discusiones de un lado y de otro de quienes defienden colocarse la vacuna y quién no. Y en medio de estos dos grupos los cristianos no han escapado, como la amiga de esta historia.

Tres días después íbamos de camino a la capital, a una clínica con UCI, yo tenía un mal presentimiento de aquel traslado, dice ella. Cuando llegaron, a su esposo lo internaron directo a una sala pero ella debía hacer el papeleo, porque en aquella clínica ese proceso era muy importante.

Así que no pude ver morir a mi esposo, 15 minutos después una doctora muy joven vino a decirme que mi esposo sufrió un paro y murió.

La crisis por coronavirus ha tocado también las puertas de la Iglesia. Son notables las divisiones conceptuales de grupos de fe quienes se han enfrentado en la interpretación de estos eventos a la luz de su posible significado en el tablero de la escatología Bíblica.

CAMBIOS PROVOCADOS TRAS EL COVID 19

Como señala Matt Wilson de McKensey y Company, uno de los tantos analistas a los que hemos dado seguimiento estos tiempos de pandemia mundial, ya no se trata de preguntar si ocurrirán cambios producto de la pandemia sino cuán profundos serán y cuándo empezarán a verse en las esferas mundiales.

Claro es muy pronto para sacar conclusiones totales pues aún los economistas, científicos, organismos de salud y demás expertos del mundo analizan detalladamente el balance en pérdidas y los cambios en el orden mundial provocados por el covid 19. Hace tiempo atrás la cifra de muertes por la pandemia en mi archivo de notas personales era medio millón de muertes en el mundo. Hoy mucho tiempo después se ha multiplicado por diez. A inicios del último trimestre del 2021, cuando terminamos este capítulo, la Organización Mundial de la Salud informa que las muertes rondan por el orden de los 6 millones de personas. Lamentablemente nadie puede aún dar por cerrada esta cifra.

El covid venció, al menos por un buen tiempo, a la humanidad acomodada a una rutina que le brindaba seguridad tras su cuenta de banco y del conocimiento. Estuvimos indefensos por un rato largo, quedarnos en casa lejos de todos fue la única opción viable por meses.

¿QUÉ CAMBIOS HA TRAÍDO TU CRISIS POR COVID 19?

Elsa Punset, analista internacional, manifiesta que "*las crisis potencian la evolución de forma que cambios que parecían difíciles o imposibles pueden darse incluso relativamente deprisa*".

Cambio, es la palabra común en los labios y mentes de empresas, iglesias, organizaciones y gente de a pie en medio de esta crisis por coronavirus que parece no querer irse. Si eres Pastor, empleado, profesor, estudiante, doctor y/o taxista, tu mundo cambiará de ahora en adelante gracias a la pandemia y sus secuelas. Algunos que he observado hasta ahora son los siguientes:

1. He visto y leído de personas que han usado tu crisis causada por el coronavirus para dar comienzo a nuevos proyectos. Por ejemplo, más de uno ha dicho que al quedarse con tanto tiempo libre, al ser suspendidos de sus empleos, han confesado que su crisis les ha dado la oportunidad de retomar proyectos que tenían guardado por falta de tiempo disponible para ellos.

2. Negocios abrieron en medio de tu crisis, nuevos servicios adaptados a los canales *online*, nuevas iglesias, en fin, creativos seres humanos han puesto su fe en que este no es el final.

3. ¡La naturaleza descansó! Los reportes de la temperatura de la tierra dicen que bajó un grado. No puedes imaginar lo agradable que es esto.

4. Algunas iglesias que se mantuvieron cerradas durante la pandemia, tuvieron que esforzarse para abrirse a los nuevos tiempos, dando paso a la incorporación de plataformas digitales y de redes sociales a las que habían mantenido una actitud renuente, lo que había supuesto una desconexión con una masa joven que habla ese idioma digital.

5. Otras iglesias de tamaño mediano en que se discutía la pertinencia de abrir una segunda reunión-culto- el domingo, hoy día al reiniciar la celebración de reuniones de adoración en el templo, han tenido que abrir 2 o 3 celebraciones para cumplir las recomendaciones de los organismos de salud, esto demostrará y empujará estas iglesias al crecimiento, pues verán la pertinencia y la posibilidad de mantener estos dos servicios de adoración para la iglesia, esto es crecimiento.

6. Las escuelas y universidades de nuestro país se habían mantenido alejadas de la educación *online*, algunas ya contaban con plataformas digitales que no usaban con frecuencia por miedo al cambio. Hoy día, en medio de esta crisis mundial en la que el país mantuvo una cuarentena por más de 300 días, hemos visto la necesidad de las plataformas, demostrando que realmente sí se puede ofrecer educación por esta vía y así lo han venido haciendo. Definitivamente a partir de esta crisis la educación en nuestro país, ya no será la misma. De igual forma sucedió con el transporte público, con los comercios renuentes a la digitalización, etc.

7. El teletrabajo es otra de las oportunidades que ha sido descubierta y aprovechada en medio de esta crisis. En nuestro país no se tiene conocimiento de alguna empresa que aplicará este tipo de actividad en ningún nivel de las organizaciones, sin embargo, la necesidad empujó que para mantener el hilo de las operaciones y servicios, muchas empresas a la carrera han buscado la forma de que aquellos que puedan seguir sus labores desde sus casas lo puedan hacer remotamente. Esto es progreso y vanguardia.

8. Otra actividad que se ha duplicado es servicios de "*delivery*", es decir de entrega a domicilio de compras realizadas en negocios de comida, tiendas, etc. Antes del coronavirus, en mi ciudad San Cristóbal, solo un pequeño supermercado realizaba este servicio para sus clientes, hoy día se ha convertido en algo indispensable en casi todos los establecimientos.

9. Más tiempo libre, si tiempo; Ese bien intangible, tan preciado y del que nos quejamos tanto por ser tan caro y escaso. Del que decimos no contar con mucho, del que nos quejamos con la familia, cuando nos reclaman que no estamos compartiendo con ellos. Ese que no nos da para todos los planes hechos a inicio de año, ese implacable chacal de la vida que no se detiene a esperar que terminemos lo que deseamos. Tiempo tenemos de sobra en medio de esta crisis de coronavirus.

   Tiempo para la familia, los hijos, para ti, para ese libro que hace tanto deseabas leer, para llamadas diarias a papá y mamá, para comunicarse con esos amigos que habías olvidado, para organizar tu vida, tu casa, tus metas, tus planes. Tiempo para la oración,

la búsqueda espiritual relegada a retazos mientras corríamos de un lugar a otro durante el ajetreado día.

Estoy seguro que sobrepasaremos esta crisis como otras tantas por las que ha pasado la humanidad, aunque al final mucha más gente habrá quedado enlutada. De lo que no estoy seguro es de si aprovechamos para aprender de los errores que nos trajeron hasta aquí.

Es que pienso que el mundo debería ser diferente después de esta catástrofe. Estos son momentos para unir fuerzas y talentos, mostrar solidaridad, apoyarse, para lograr, eliminar diferencias y desigualdades, invertir cada vez más en la salud pública de la gente de a pie.

Por lo que se ve no parece que así sea, no para muchas personas. La desigualdad sigue siendo una constante en este mundo, los poderosos continúan atrincherados en sus mansiones, los bancos continúan acumulando riquezas y los gobiernos continúan dando migajas a los pobres que viven hacinados en barrios que no aguantan más. No, no parece que todos hayamos aprendido la lección de esta crisis.

Del otro lado estamos los que sí hemos aprendido algo, todos somos nuevos en este tipo de crisis, ninguno de esta generación había vivido algo como esto. Si nos hubieran dicho que pasaríamos este trance y seguiríamos vivos, trabajando, luchando por nuestras familias, inspirando a otros, guiando aquellos que lo necesitan, simplemente no lo hubiésemos creído.

Así que te felicito, porque lo hemos logrado, los templos han sido abiertos, las escuelas también, estamos vivos, han sido difícil los problemas psicológicos post pandemia, todavía deben evaluarse pero salimos airosos, aun cuando hemos perdido mucha gente y necesitamos de ayuda para borrar las crudas imágenes vistas en estos dos años. Somos más fuertes que ayer, preparados, dispuestos y contamos con más experiencia después de esta crisis.

Frente a este panorama de crisis mundial que ha tocado igual a creyentes y a incrédulos, ricos y pobres, hombres y mujeres ¿Qué dice la Biblia? La verdad es que por más antiguo que sea su mensaje se mantiene actualizado, veraz, ecuánime y disponible para encontrar en ella una respuesta a los azotes de esta crisis. Aunque los usos y costumbres del hombre hayan cambiado en algo, el ser humano es el mismo y los consejos bíblicos que fueron útiles en aquellos días, sirven con toda seguridad para nosotros. El consejo del sabio Salomón para cuando llega ocasión de dolor insoportable es: "*En el día del bien, goza del bien; y en el día de la adversidad, reflexiona*" (Eclesiastés 7:14 NVI). Es sabido y aceptado por nosotros que Dios podría evitar que el dolor tocará la vida de sus hijos pero muchas veces no lo impide porque es la única manera de hacernos reflexionar y crecer.

CAPÍTULO 5

UNA ESCUELA LLAMADA CRISIS

"La felicidad es saludable para el cuerpo pero el sufrimiento es el que desarrolla las fuerzas del espíritu".
Marcel Proust

"*Saúl mató a sus miles y David a sus diez miles*" gritaba enérgico todo el pueblo. Era la canción del año, había sido compuesta por las mujeres que con mucha euforia alegraban al pueblo en fiesta, baile, buena comida y buen vino. Todo en honor a un jovencito valiente que todavía olía a estiércol por su anterior trabajo, cuidar ovejas. Dios había sacado a este muchacho del anonimato para traerlo al frente de la batalla y mostrar con esto que la fuerza y respaldo de un Dios Todopoderoso es más importante y real que todo un ejército.

¿Conoces la historia? David había matado a Goliat con la espada del gigante. Esto sellaba su historia ¿Qué habrá pasado por su mente?

La verdad es que David estaba acostumbrado a ganar siempre, típico de algunos de nosotros antes de madurar. Era imposible no admirar un tipo así: La gente había escuchado de aquel niño que mató un león cuando quería devorar una de sus ovejitas, sus dulces melodías con su vieja arpa, su amor por las historias en Egipto y su devoción por su Dios.

Allí está él, nuestro querido David, con el pecho hinchado de orgullo porque además como si fuera poco todo lo que estaba pasándole, el profeta Samuel lo había ungido como señal que sería el próximo rey de Israel. Señalado nada más y nada menos que por Dios.

Seleccionado por Jehová para reinar, reconocido por la gente como tal y con seguidores militares que lo habían visto pelear como todo un guerrero, David saboreaba el éxito. De manera que ya está listo. Cuenta con los votos para ser rey, la gente ha visto cómo es un guerrero en batalla, el pueblo lo ama, yo diría que alguien así está listo para subir las escalinatas de palacio. El detalle es que el Soberano Creador piensa que a nuestro muchacho le hace falta aún algo, ¿Carácter tal vez?

Como la materia, los seres humanos sufrimos cambios, a veces se trata de una transformación severa y positiva de nuestro carácter y otras solo es cuestión de usar lo que ya está allí, oculto, lo que somos pero que a veces ni siquiera nosotros mismo creemos tener. Dios en su misericordia nos ha capacitado en talentos y además nos ayuda a quitar las vendas de los ojos que nos impiden verlos. Él no utiliza un programa de cazatalentos, Código Fama, La Voz (The Voice), Master Chef o alguno de esos lindos y famosos programas de donde salen personas que ayer eran tímidos participantes. Dios usa métodos un

poco menos tradicionales pero efectivos, las crisis son sus favoritas.

Ahora Dios preparará su carácter y madurez en la escuela de liderazgo más imponente que ha existido jamás: tu crisis. Es una escuela, una que no es fácil. De aquí en adelante era una prueba, una que el diablo quería usar para derribar a David y una que Jehová quería usar para edificarlo. En el campo, mientras cuidaba ovejas David nunca recibió loas, cánticos, aplausos, fiestas, las ovejas nunca le bailaron ni le cantaron elogiándolo. Ahora enfrenta el desafío del éxito. Muchas personas que manejan bien la adversidad caen ante el desafío del éxito. Una mañana entró al palacio como cualquier otro día y tropezó con el mal humor de un Rey Saúl desahuciado que no supo manejar la idea de que otro ocuparía su lugar. Lo siguiente que supo fue que huía por su vida tan rápido como pudiera.

Entonces llegó a su vida, sin avisar, tan inoportuna como siempre, una crisis. El ya ungido David pasó días de hambre, soledad, tristeza, llanto, humillación, miedo, pero decidió utilizar todo aquello que le estaba pasando para crecer. Se convirtió en una esponja que absorbía el carácter fuerte del desierto, aprendía de las experiencias por las que pasaba, impidió que su espíritu noble se marchitara con el sol, dejó fuera de su vida las críticas a los que lo perseguían, evitando con esto ser devorado por interés y sed de venganza contra los enemigos, porque en su interior sabía la verdad, que estaba viviendo aquello que era autorizado por Dios. ¡Qué actitud!

En estas condiciones desérticas, inimaginables para la mayoría de nosotros, comparables solamente a los tiempos de crisis que pasamos cuando todo se nos derrumba delante de nuestros ojos: la comodidad de cuatro paredes y un techo, el calor de una familia, la seguridad de un cheque cada fin de mes, una relación en la que depositamos nuestro amor, etc. En estas condiciones que son excelentes para germinar el odio, el amor propio, la autocomplacencia, los planes de venganza, las armas del contragolpe, el rencor; David utilizó este tiempo para crecer, aprender, madurar, relacionarse y fortalecerse. Recorriendo desde abajo el camino de la sabiduría y la paciencia, materias que solo se aprueban cuando han dejado suficientes marcas en nuestra vida.

En este clima tan propenso para alejarse de Dios, en las que cualquiera de nosotros terminaría posiblemente lejos de la fe que profesa hoy día, David escribió muchos de esos Salmos que componen la Biblia. Salmos 142, 57 y 34 por citar algunos, fueron escritos en el interior de la cueva donde se escondió de sus enemigos, la cueva de Adulam, un lugar tan feo como el sonido de su nombre.
¿Te atreverías a utilizar tu temporada de crisis matrimonial, familiar, en la empresa o ante una enfermedad terminal para pensar en las bondades del Dios que lo creó, en su amor inagotable, en su sapiencia y poder? ¿Te atreverías a pasar toda una mañana o noche contemplando los cielos y diciendo cosas bellas al creador, en lugar de un listado de preguntas que la mayoría haría? Como por ejemplo: ¿Por qué estoy solo? ¿Por qué me abandonaron? ¿Por qué permites esta situación? ¿Por qué murió mi ser amado? ¿Por qué me pasa esto a mí?

La verdad es que es muy fácil perder de vista a Dios y su amor por nosotros en medio de las tormentas que provoca una crisis. Es un reto no hacerlo. Verlo con los ojos cerrados, escucharlo en medio de tantas malas noticias, confiar en que algo hará.

Podemos ver el progreso de David mientras cursa las diferentes materias de la escuela de su crisis. Vayamos al primer libro de Samuel capítulo 22 versículo 2 y observemos un día común en la vida del estudiante David: Llegó un ejército buscando al Rey David y lo encontraron en su oficina. Recuerde que era una cueva oscura e incómoda llamada Adulam. 400 hombres que la verdad asusta. En mi pueblo solemos decir un refrán: "al dedo malo, todo se le pega". Significa que en su peor día, ocurrirá lo peor que esperaría que pueda pasarle.

Al Rey David en desgracia, se le acercaron 400 hombres que estaban "en apuros", "angustiados", "endeudados" y "desesperados". ¿Ves lo que yo veo?

David está pasando por la peor crisis de toda su vida hasta ese momento. Tiene el respaldo de Dios y la confirmación del pueblo para ser Rey pero el Rey anterior Saúl, intenta matarlo. Así que él ha sido obligado a huir, dejarlo todo, vivir como un pordiosero entre cuevas, hasta pasar por loco para no ser asesinado en tierra enemiga.

Se necesita muy buena actitud para no perder la cordura luego de estar tan alto, caer tan bajo y golpearse tan duro. Se necesita mucha fe en Dios y certeza de uno mismo para ver algo bueno en medio de esta crisis.

Definitivamente hay que tener buena coraza para no escuchar y dar lugar a la duda que los que nos rodean desean sembrar en nosotros. Pero David ha dado pelea, ha mostrado estar hecho de buena madera; el escenario es inaudito, estos hombre que se acercaron a David eran hombres que solían ser combatientes solo que hoy día también pasan por crisis, como David.

El escritor bíblico los llama "endeudados", "en apuros", "desesperados", ¿Te suena conocido alguno de estos adjetivos? ¿Has estado en uno de esos zapatos? ¿Has jugado en uno de esos equipos en los que no pides entrar, sino que la vida te arroja sin pedir tu opinión? Yo he estado en más de uno de esos equipos. ¿Has sentido cómo es de pesado el aire cuando llega fin de mes para un endeudado? Como todo se relega a un segundo, tercer o cuarto plano. ¡Yo le llamo la danza del endeudado!

El problema con nosotros es que somos tan limitados y nuestros recursos tan fáciles de desaparecer. En una ocasión, cuando Noemí y yo firmamos el préstamo de la casa donde vivimos, los cálculos realizados cambiaron con el anuncio de la subida del dólar. Es risible como tu economía puede cambiar tan de repente. Nuestros números pasaron de verde a rojo en aquella tabla de presupuesto de Excel en mi computadora que no quedó otra cosa que hacer, tragar en seco. Casi falla nuestra fe, como la de Asaf cuando observó lo fácil que lo tiene a veces los que hacen maldad. Cambió el ambiente, se puso tensa la película pero continuamos creyendo en que podríamos y contrario a otros, no cedimos el contrato. Esa crisis nos enseñaba una lección qué haríamos bien en aprender: no puedes controlarlo todo, no es cierto. El estornudo de alguien con poder en Oriente Medio, China, Rusia o en Estados Unidos sería suficiente para que nuestra economía colapsara.

En el libro de Isaías capítulo 40 versículo 26 el profeta ofrece la salida a los momentos cuando en la tierra ya no hay solución a nuestra causa. "*Alza tus ojos al cielo y mira, ¿Quién hizo estas cosas?*" (NVI). ¿Cuáles cosas? Esas que ves arriba, los cielos y su lucero si es de día, la luna preciosa y las estrellas si es de noche.

Ok, las veo, ¿Qué significa? Que si Dios hizo todo lo que ves ¿Acaso no podrá darte una mano? En otras palabras no hay imposibles para nuestro Dios Jehová de los ejércitos. Él está muy atento a nuestros procesos y alienta los momentos de oraciones creativas por metas imposibles, como aquel día de abril a las 8:13 minutos de la mañana en que conversábamos mí esposa y yo sobre cómo pagaríamos el préstamo de la casa ante los terribles e incalculables cambios que había sufrido nuestra economía. Yo estaba parado de espaldas a ella frente a una puerta de cristal. Sonó mi teléfono celular, era Hildamar, mi oficial bancaria, casi no atiendo la llamada, no quería escuchar más malas noticias.

Me dijo que se adelantó a llamarme para que cuando reciba la noticia desde el banco no dudara de lo que me dirían. Ok dije ¿De qué se trata? le pregunté. Me dijo, ¡Usted acaba de ser agraciado con el pago de su préstamo por un año! Una foto recibiendo el premio fue publicada en el periódico El Caribe el día 16 de abril del 2017. Tu crisis es una escuela pero su director se llama Dios. Ese año libre de pagos del préstamo fue la respuesta a nuestras oraciones y fe en que algo iba a acontecer, no sabíamos cómo, no sabíamos cuándo pero esperábamos una respuesta del cielo. Aquellas crisis tan altas que exceden nuestra capacidad, son perfectas para hacer crecer nuestra fe.

He aprendido a confiar en que Dios es el director y está atento a que aprendamos lecciones importantes. Además algunas veces, cuando sentimos que nos ahogamos en el mar de una crisis, Él envía un respiro desde la oficina del director. Siempre a tiempo, siempre en hora, siempre justo, siempre fiel.

TU CRISIS TRANSFORMA

Ahora imagine esos 400 hombres “endeudados”, “en apuros”, “desesperados” que llegan donde está David en aquella cueva. No es el ejército que un rey quisiera ¿verdad?, no es la gente que desearías que se acerquen en tu peor momento, no son los compañeros que uno quiere a su lado, máxime en medio de una crisis pero ¿sabes qué?, diré lo siguiente y espero que estés preparado para esto: ¡Esos son los únicos que se acercarán a ti en momentos de crisis! Y ¡Esos son los que David necesitaba! Ese es el respiro del director de la escuela.

Es el modus operandi de Dios permitir que las cosas sucedan y a veces provocarlas, no para saber que puedes, eso ya Él lo sabe, es para que tú y yo sepamos que podemos.

Los que están pasando por deudas, crisis, apuros, dificultades, los relegados de la vida, los que antes eran hombres de empresa, líderes de organizaciones eclesiásticas en el pasado, los que antes eran tomadores de decisiones importantes en el pueblo, son lo que se te acercarán en tus momentos de crisis, no sé si es magnetismo de crisis o que “al dedo malo todo se le pega”. Si piensas que en medio de tu crisis un gran inversionista, un hombre o mujer de gran capital, un empresario en pleno auge comercial, una organización eclesiástica te llamará diciendo: hemos pensado que serás la persona perfecta para que tomes la rienda de esto, estás equivocado querido (a) amigo (a). Si crees que llegará a tu puerta un sobre con dinero para salir de tu crisis, lamento decir que no es así.

¡¡*Se trata de ti*!! Es que debes hacer que suceda, poner tu capacidad a trabajar, con lo que tengas en las manos. Reinventarse, cambiar hábitos, decir yo puedo, aprender cosas nuevas. Hay que actualizar ese currículo, vestir el mejor traje, lustrar los zapatos, fuera cara de tristeza, llama a tus contactos, lánzate, total estamos en crisis, ¿Qué es lo peor que puede pasarnos?

Es la idea que Dios inyecta en Moisés cuando frente al mar él se pregunta ¿Qué hacemos? ¿Qué tienes en la mano? preguntó el Creador al caudillo, quién contestó con inseguridad: "Una Vara" "pues con esa vara que tienes toca el mar" fíjese el verbo, la acción "tocar".

Recuerda, los hombres que visitaron a David en Adulam, los que creyeron en él, los que se unieron a su causa, los que vieron en él un líder a pesar de sus sandalias rotas, de su mal olor y su pelo tan áspero. Aquellos 400 que se quedaron con David, son hombres nuevos en el relato de Crónicas. La otra cita de la Biblia que deseo puedas leer es 1ra Crónicas 12. Esos de los que se habla allí no arruinaron más su vida, David no permitió que la actitud de estos hombres derrotados, entramparan la de él, haciéndolos un ejército de miserables. Antes, los organizó, entrenó, capacitó y los convirtió en creyentes de su propósito de vida.

Cambió su panorama. Esos 400 hombres sin esperanza que dejaron de tener fe y esperanza de guerreros, ahora son llamados hombres con rostro de león y velocidad de gacela en la segunda cita bíblica. Diestros, valientes. Eso lo logró David. Porque estaba en la escuela del desierto para aprender, no para morir.

Tú y yo como David, deberíamos utilizar tu crisis para prepararnos, para aprender, avanzar, renovarnos, reinventarnos. Este tiempo sin empleo tómelo como un reinicio y no como el final. Como alguien dijo, "*Dios nos lleva al desierto para alimentarnos y prepararnos, nunca para destruirnos*".

Aquella no fue la única crisis de David pero si la que lo preparó para ser Rey de Israel. Allí juntó, educó, adiestró su propio ejército. Ninguna crisis es tan mala que no deje cosas buenas en nosotros. Hay que atreverse a girar las situaciones que nos suceden, darle vuelta hasta llegar al lado bueno.

CAPÍTULO 6

DEL PROBLEMA A LA OPORTUNIDAD

"La oportunidad baila con aquellos que ya están en la pista de baile".
Jackson Brown Jr.

¡Basta ya de lamer tus heridas, actúa! Tal vez el problema es tuyo pero la oportunidad es de muchos otros.

En el barrio donde crecí, hacíamos bullying a los niños con síndrome de Down. Quizás conoces la palabra despectiva que ignorantemente utilizamos para referirnos a esos ángeles tan agradables, quienes eran humillados mientras ellos en los balcones o patios interiores de sus casas, crecían alejados de la escuela y de los demás niños, escondidos por las familias que muchas veces ni siquiera sabían cómo tratarlos.

Definitivamente es posible que tu crisis por la que atraviesas sea la misma de otras familias, tal vez solucionándola traiga paz a muchas otras personas. A veces, hay gente luchando con una situación de crisis que los consume, luchan y luchan hasta lograr romper aquello que los atacaba, aligerar su carga y acomodarse a la vida, entonces descubren que lo que han conseguido no solo es de utilidad para ellos sino para muchos otros.

En el año 2010, una familia de clase adinerada de nuestro país, llevó a cabo un excelente evento social titulado "Quiéreme como soy". Se trataba de un concierto artístico donde participaron chicos con condiciones especiales, como autismo y síndrome de Down. Fue algo lindísimo, ese evento reunió gente importante y sensible a este problema: políticos, deportistas, periodistas, comediantes, actores y personalidades respetadas del país.

Recuerdo haber visto el evento por televisión y celebrar aquello que estaba pasando porque mucha gente maltrataba por ignorancia esos niños de condiciones especiales en los barrios y las escuelas. Así que esta campaña llegó para visibilizar y llamar la atención de toda la sociedad, sobre los niños con algunas condiciones especiales quienes son seres humanos iguales que merecen respeto, amor, cariño y oportunidades.

Los años siguientes a esta actividad, la fundación ha motivado que muchas familias reconozcan y presenten hijos que tienen alguna condición especial que mantenían escondidos de la sociedad, condenándolos a la oscuridad y soledad. Hoy en día esas familias cuentan con mucho apoyo de empresas y del Estado Dominicano, la historia es otra.

Ahora existe más educación sobre condiciones especiales, hay centros escolares especializados donde llevarlos, las escuelas se han preparado para recibirlos, muchas empresas han contratado personal con algún tipo de discapacidad y la sociedad en general ha dejado atrás el maltrato por ignorancia, aprendiendo a respetarlos y aceptarlos.

Cuando veo a los organizadores hablar sobre lo que los motivó a iniciar ese tipo de acciones, no dejo de pensar en que si ellos no hubiesen pasado por la difícil situación de tener un miembro de su familia con una condición especial, nunca se habrían involucrado.

Entonces entendí que la mayoría de las personas que hoy tienen fundaciones de ayuda a niños de condiciones especiales y enfermedades rarísimas para las que no había tratamiento ni esperanza en nuestro país, emprendieron estas organizaciones porque al pasar por estas situaciones terribles y no contar con ningún tipo de ayuda local, decidieron emprender organizaciones sin fines de lucro aportando su gran capital social y económico.

Son el resultado de gente que vivió en carne propia la crisis de tener en su familia un miembro especial así que buscaron información, aportaron su dinero y su sensibilidad al servicio de cientos o miles de familias que pasan por la misma situación que ellos y así es como han surgido estas fundaciones. Todas nacidas de una crisis que representa el problema para algunos y a la vez la gran oportunidad para muchos.

Este patrón se repite en varias fundaciones que están haciendo un gran trabajo social en aspectos antes desconocidos en nuestro país. Su crisis familiar es dura pero el abordaje de ella y la búsqueda de solución, los hizo tan fuertes que del proceso han salido a ayudar a otros que por el bajo nivel de escolaridad, acceso a información y/o económico, sus hijos o familiares que padecen de esos males, estaban condenados a morir o a un largo sufrimiento.

Personalidades de diferentes ámbitos, como el beisbolista Albert Pujols, actrices, cantantes entre muchos otros, se han convertido en la cara de la lucha por ayuda para las familias con miembros autistas, síndrome de Down, acondroplasia, craneosinostosis, algún tipo de cáncer, etc. Pero no lo hacen como trabajo, sino porque ellos también atraviesan o atravesaron por esas crisis. Cuando las personas saben que comparten tu crisis con otros no solo reciben consuelo, también reciben aliento.

En la República Dominicana nadie pensaba en los ciegos, hasta que hace 6 años una ingeniera llamada Francina Hungría quedó ciega por un disparo durante un atraco en la capital. Francina se estrenó como parte de la comunidad de discapacitados de nuestra sociedad y fue entonces cuando descubrió que todos esperan que esas personas estén condenadas a la oscuridad no sólo por no poder ver, sino por no tener acceso a trabajar, estudiar, pasear, familia y realizar una vida digna.

Tan solo 2 años después de su accidente, Francina creó la fundación Bastón Blanco, logrando trabajar positivamente en la concientización de los tomadores de decisión, es decir, políticos y constructores, sobre la necesidad de que las construcciones, las calles, universidades, escuelas, iglesias, cuenten con acceso para invidentes.

¿Puedes notar que ciertamente la crisis es de una persona pero la solución puede ser para muchos otros?

Tu crisis por la que estás pasando tal vez es tan fuerte como una de estas que he mencionado. Es cierto que nunca diré que perdiste un ojo como propósito de Dios para ti, yo no escribiría eso. Pero acaso ¿No es cierto

que es posible que lo que te ha pasado pueda servir de mucho a ti y a otros? Dios no es el causante de tu crisis, cualquiera te ha llevado a ella pero sé que Él es experto en sacar cosas buenas de nuestros errores y crisis.

CAPÍTULO 7

MI CRISIS: UNA CRISIS DE MIEDO

"Todas las crisis traen un relámpago que nos ciega o nos ilumina".
Víctor Hugo

En primaria fui a una escuela para menores en conflicto con la ley llamado reformatorio, allí sí que había gente en crisis, jovencitos que tenían que pedir permiso hasta para respirar. Era parte de los alumnos externos de aquella escuela pero estudiar allí desde niño me permitió estar en contacto con chicos a los que la vida les había dado duro y ellos a veces trataban de devolverle el golpe con la misma intensidad, lo cual era imposible. Así que allí estábamos, muchos condenados hasta a 10 años, tiempo suficiente como para aprender que debían dar un giro a sus vidas porque podría ponerse peor. Allí estaba yo, observando a mí alrededor, color gris opaco. Había todo tipo de historias, la del niño mimado que lloraba todas las noches, la del silencioso muchacho que no hablaba con nadie y yo con la mía, una espesa y romántica en la que cada día parecía menos posible descollar, crecer, cambiar.

Temprano aprendí que hacernos la víctima no funciona. No importa si has nacido en hostilidad. ¿Pobre? ¿Negro? ¿Huérfano? ¿Hambre? ¿Abuso? escribe la excusa, la respuesta será siempre la misma: nada justifica escoger el crimen como forma de vida, antes bien, se necesita valor para querer cambiar las cosas, para hacer realidad los sueños, para avanzar hasta el éxito cuando parece que tenemos todo en contra, el cielo incluido.

En aquella escuela había un retrato al entrar, todos los días aparecía frente a nosotros al subir las escaleras. Decía "yo sé que soy alguien, porque Dios no hace porquerías". Era un mensaje directo al subconsciente.

Con estas y otras acciones trataban de construir una verdad sobre nosotros, sin trucos, sin magia, sin eufemismos, sin psicología, se trata de ti, se trata de mí, de aceptar quienes somos aquí y ahora. Un balance serio de donde nos encontramos para con sinceridad marcar el rumbo, poner fecha a los sueños, desenterrar la fe en el Creador y en nosotros.

Un sacerdote siempre nos decía que estar en aquel lugar ayudaría a descubrir quiénes éramos en realidad. "*No importa qué los trajo hasta aquí, construyan una nueva realidad*" decía el anciano con acento extranjero.

¿Quién eres tú?, nos hacían preguntarnos. Es una pregunta sencilla aparentemente pero que merece ser respondida desde la honestidad. Muchos luchan contra una herencia que los ha marcado, una familia derrotada, de manera que todos esperan que seamos eso mismo, unos derrotados.

¿Qué piensas de ti? ¿Acaso eres una de esas personas que se siente mal si habla bien de sí mismo? ¿Cómo te definirías, valiente, fiel, responsable, humilde, luchador, incansable, enfocado, resiliente?

Hay que descubrirnos, saber quiénes somos. Tener una idea positiva de uno mismo es saludable, muy saludable. Definirse, conocer nuestras capacidades y debilidades juega un papel importante a medida que avanzamos por los caminos de la vida. A veces es necesario atravesar una crisis para descubrirse.

No elegimos nacer, alguien más elige por nosotros, no elegimos a cuál familia venir pero llegado el momento, todo se tratará de nosotros tomando decisiones, al menos de aquella parte que Dios nos asigne, así que ese porciento de decisiones que nos toca tomar es nuestro chance de hacerlo bien.

Así que allí estábamos todos, viniendo de lugares diferentes, cada uno con su realidad. Yo venía de la cañada, un barrio donde solo se producían mosquitos y gente. También aprendí temprano que en esos pupitres todos somos iguales no importa de dónde y cómo hayamos llegado allí, es por esta razón que amé tanto la escuela, es el mejor lugar para salir del fango en que la vida te suelta. Es el mejor ambiente para quien necesita cambiar algo de su vida.

Mucha gente no logra despejar su realidad de su crisis. Para ello lo primero que debe entender es que tú no eres tu crisis. No estás definido por lo que los demás dicen de ti. Podemos elegir en quienes deseamos convertirnos. Es cierto que somos dependientes en una buena etapa de nuestra vida pero más vale pronto aprender a no serlo más.

Temprano hay que abandonar esa idea de que deben darnos todo. Quizás conoces gente que atribuye a los demás sus fracasos. Su lloro por lo injusto de la vida me molesta. Si llega tarde es culpa del tránsito, si lo despiden la culpa es del superior siempre, si hay un divorcio nunca han tenido nada que ver.

Aquel reformatorio estaba lleno de jovencitos llenos de miedo. Habían delinquido por miedo, se necesita valor para ser diferentes, para tomar el control del timón, sacudirse en contra de eso que la mayoría llama destino y de lo que la familia, amigos, maestros digan de nosotros. Quiero contarle de dos muchachos con perfiles especiales. Uno de ellos parecía tener permiso para fracasar en la vida. Su mamá era prostituta, así que al nacer llegó marcado como el hijo de la prostituta. Vivía con la otra familia de su padre pero antes de que los dientes se hicieran fuertes en su boca, sus hermanos lo echaron de la casa y los ancianos lo echaron del pueblo. La marca era muy grande, era el descrédito andante. Su nombre era JEFTÉ y cuando creció se convirtió en un tipo rudo, con seguidores y todo. Consiguió fama, así que sus hermanos que lo echaron de casa, oyeron historias fabulosas de él.

En una de esas vueltas de la vida, cuando la cosa se puso fea en Galaad su tierra, los jefes del pueblo buscaban currículos de hombres valientes para defender la patria en peligro. Nadie aparecía, enviaron una comisión a casa de **Jefté** a rogarle que viniera a defenderlos. Y ¿sabes qué? **Jefté** aceptó defender al pueblo que antes lo menospreció y lo exilió, eso sí puso sus condiciones, porque nosotros somos los que debemos valorarnos, cuando nadie más lo hace. Yo no soy lo que la gente dice de mí, no soy lo que todos repiten que soy, aunque puedo llegar a serlo si lo permito. Soy lo que construyo con las piedras que me

van arrojando. Construyo y construyo hasta descubrir mi propósito.

Muchos piensan al hablar de carácter que es el producto de las circunstancias pero creo que como dijo alguien en una línea del séptimo arte, "*el carácter es más bien, lo que sobrevive a pesar de las circunstancias*".

Ya sé lo que me dirás. Es verdad que la sociedad, la cultura, las tradiciones y la familia a veces nos colocan un tapabocas cuando sentados en la mesa nos atrevemos a dejar escapar nuestros sueños delante de los demás. Hoy en día al explorar nuestras capacidades, nos acusan de petulantes y codiciosos. Aprendemos que es buena educación asumir la falsa modestia bajo la cual ocultamos nuestros talentos evidentes, lo hacemos para no intimidar, para que el hermano pequeño no llore, el jefe no se sienta amenazado, el esposo no se sienta menos al lado de una mujer llena de virtudes.

Lo más fácil es ceder al miedo. Miedo a ser diferentes, temor a explotar nuestro potencial y con esto tomar distancia de los errores que cometimos. Las crisis son excelentes espacios para cultivarnos, después de ser quebrados y permitir que renazca en nosotros algo nuevo, diferente y mejor. Utilice su crisis para descubrirse.

Después de Jefté aparece en el contexto de los jueces en la Biblia, uno de nombre **Gedeón**. Dios le había dado permiso a un pueblo llamado Madián para que castigara a su propio pueblo Israel, así que estos jugaban muy bien su papel de villano humillando a Israel. Aparecían de la nada y acababan con toda la cosecha, el trigo, el arroz, maíz, plátano, no dejaban nada.

Y como era de esperarse el miedo hizo su trabajo en los judíos. Nadie sembraba, ninguno salía de las cuevas en las que se metieron, nadie preparaba alimentos, nadie pisaba uvas para producir vino, lo siguiente que pasaría era que morirían de hambre por no hallar alimentos en el pueblo. Nada como una buena cucharada de temor para hacer retroceder a todo una generación.

Una crisis es todo lo que necesitamos para saber quiénes somos en realidad. Un día este jovencito no aguantó más. El temor no desapareció solo que la decisión fue más fuerte que el miedo a la muerte en manos de los enemigos.

Sentir temor no está mal, lo que está mal es permitir que este tome las decisiones en nuestra vida. Así que Gedeón decide salir de aquella cueva donde hay seguridad pero no hay comida, no hay agua y pronto morirían. Gedeón tuvo miedo como los demás pero lo utilizó para atreverse y no para esconderse.

Una mañana se vistió de valor por fuera y tembloroso salió a la superficie, buscó donde esconderse, encontró un poco de trigo, se dirigió al lugar donde se pisan las uvas, el lagar. Allí en el lugar diseñado para preparar las uvas puso su centro de operaciones, hasta que completó su trabajo con el trigo.

Fue criticado. Los demás, los que nada hacían, los perfectos, los paralizados por el temor le dijeron que no saliera, que no era el lugar para pisar trigo, que no estaba en el lugar indicado, que eso nunca se había hecho allí y un sin número de razones por las que su operación no funcionaría. Gedeón no los escuchó más, porque a

veces hay que simplemente dejar de escuchar, a veces hay que hacerse el sordo para avanzar, hay que pasarse la luz roja, no la del tránsito sino la de la vida. No siempre estará en verde el semáforo de su vida. Aparecerán luces rojas que te gritan que te detengas. Que no es seguro, que nadie lo ha hecho nunca, que lo razonable es detenerse, esconderse, no invertir, no abrir un negocio, no salir de la cueva, no casarse en estos tiempos, no tener hijos porque la generación va de mal en peor, no comprar una casa, no buscar otro embarazo, no intentarlo de nuevo. No escuche esas voces, inténtelo otra vez.

La gente que no corre riesgos, no consigue tener éxito. Resulta que eso, lo que hizo Gedeón, era justo lo que Dios estaba esperando. Gedeón se convirtió desde aquel día en el guerrero que su nombre escondía. Dios lo utilizó para pelear batallas en su nombre y sacar adelante su pueblo contra Madián.

Me encanta la historia de este muchacho, una teofanía de Dios mismo lo saludó desde el futuro, desde la victoria y le dice: "*joven esforzado y valiente*" (Jueces 6:12 NVI). Gedeón muy asustado supongo que miró a todos lados buscando a quien están llamando valiente. Es que Dios lo estaba saludando desde su futuro, desde lo que se convertiría, no desde lo que era en el presente. La situación actual no definía a Gedeón delante de Dios, él logró trascender venciendo el miedo para permitir que se haga realidad el propósito de su vida.

Jamás permitamos una vez más que el miedo, las críticas, los malos presagios, luces rojas que aparecen a nuestro alrededor nos impidan hacer las cosas que nos gritan desde adentro que hagamos. Desear triunfar y tener éxito es natural, no tiene nada de malo, está allí para encontrar nuestro propósito, quien lo puso en tu mente y corazón, quien lo alienta, es Jesucristo.

El muchacho estaba trillando el trigo en el lugar no indicado. Él lo estaba haciendo en el lagar, un lugar dedicado para pisar las uvas que luego se convertirían en vino. El diccionario de Jerusalén dice que el Lagar era una especie de excavación en la tierra de unos 60 centímetros en donde se pisaban las uvas de forma que el jugo cayera en un recipiente. Aun así, con miedo y temblor en las manos, Gedeón está haciendo lo que nadie, él se atrevió a salir de aquella cueva en donde todos los Israelitas están escondidos de los de Madián para conseguir alimento para él y su familia.

Muchos razonan que Gedeón actuó con miedo porque la Biblia señala que estaba en el lugar de las uvas, escondido, pisando trigo donde se debe pisar uvas ¿Y qué? ¿Qué hay de ti amigo lector? ¿Acaso no es cierto que nos escondemos cuando las cosas salen mal? ¿No es cierto que ante la escasez dejamos de tener fe? Estos son los mismos que se burlaron de Pedro cuando salió de la barca y caminó 10 pasos sobre el mar para luego caer cuando se le acabó la fe, en aquel relato narrado en los evangelios. Pero los demás son eso, los demás, ni siquiera lo intentaron, no salieron de la cueva con Gedeón, no se pusieron de pie cuando vieron acercarse a Jesús caminando sobre el mar, esos solo te criticarán a, y tú ¿qué harás? ¿Caminarás, saldrás o mirarás a los que lo hacen?

Gedeón estaba en la escuela de crisis, la que Dios utilizó para forjar su carácter. Dos mil quinientos veinte días estuvieron viviendo bajo la amenaza de ver llegar a los madianitas y acabar con todo lo poco que había

en sus tierras. Un día, decidió salir de aquella cueva donde los habían empujado las tormentosas visitas de los enemigos, cuando decidió salir había aprendido una lección maravillosa, una de la cual debemos aprender, que escondidos no llegaremos a ningún lado.

Deja de esconderte, sal a enfrentar aquello que te molesta, aquello que definitivamente necesitas para vivir, para ser pleno. Deja de huir de los enemigos, enfréntalos, así se trate de ti mismo y tus propios fantasmas.

¿Cuánto tiempo llevas pensando en cambiar de actitud y entorno? Hay que cansarse para cambiar. ¿Cansarse de qué? De lo que ata tus circunstancias, las que encontraste cuando naciste o en las que has caído por malos negocios o malas relaciones. Cansate de tu situación, es el primer paso al cambio. Siendo un niño me cansé temprano de no tener un baño propio en casa. De dormir junto a mis 3 hermanos en aquella camita pequeña, de estar en la cola de todo. Así que aunque el miedo me ha acompañado a medida que sueño, no le permito dirigir mis pasos.

Henry Ford dijo la tan gastada expresión "*Si usted piensa que puede, usted puede. Si usted piensa que no puede, usted no puede*". No es un juego de la mente, no creo que sea tan simple como decirlo diez veces y aparecerá. Pero sí pienso que debe ser demasiado difícil pelear contra ti mismo. Todas las mañanas, todos los días, todas las semanas, todos los meses, todos los años, ir contra ti, convenciéndote de que no puedes lograr algo, tratar de justificarte hasta la saciedad de que no podrás ser alguien en la vida porque no recibes el estímulo que deberías, así que culpas a tu mamá, papá, tío, el pastor, el profesor, el amigo, la esposa, el vecino o al mismo Dios.

¿Te imaginas si utilizas todo ese potencial para pelear a tu favor?

Un aplauso por esos jóvenes que salimos diferentes de aquel reformatorio en San Cristóbal, por aquellos hombres y mujeres que salen diferentes de la cárcel, por los que salimos de la cañada en que nacimos persiguiendo un propósito superior, por los líderes que se levantan y deciden vencer el miedo a hacer cosas diferentes, sin temor a ser criticados, porque es mejor hacerlo con miedo que no hacerlo.

Muchos han visto la foto que muestro al terminar la conferencia de emprendimiento. La parte de arriba de la foto tienen un niño sentado sobre su cajita de lustrar zapatos y aunque no soy yo, ese niño me recuerda a mí. Allí en las calles de mi pueblo mirando pasar los autos. Mirando a la gente a quien le decía rica por lo delicado de su ropa, soñando despierto en ser alguien en la vida, en volar, volar tan lejos como pudiera en esos aviones que veíamos surcar los cielos en las películas cuando nos dejaban ver televisión donde Doña Marina. La parte de debajo de la foto soy yo en el lugar más lejano al que he podido llegar. Espero que ese niño se siga pareciendo a mí donde quiera que esté. Juntos somos la representación de que los inicios pueden ser duros pero todo lo que vivimos es la mecha para un gran salto, la gasolina para un gran viaje, los cimientos para una gran torre.

El miedo es desastroso si nos dejamos guiar por él, nosotros debemos guiar el barco contra toda tempestad, especialmente la de ser diferentes en un mundo que quisiera que dejemos de luchar, de soñar, de desear, de escapar, de salir.

CAPÍTULO 8

GESTIÓN DE CRISIS

"No podemos resolver los problemas
de la misma forma
en que los creamos".
Albert Einstein

COMO NO SE HACE

El 21 de marzo del 2002, la Iglesia Católica de Boston en Estados Unidos entró en una crisis. Tal vez la peor de su historia. El periódico Golden Globe de aquella ciudad publicó un artículo titulado "EL CURA QUE ABUSÓ DE 130 NIÑOS".

Esta noticia fue un escándalo no sólo en aquella importante ciudad de arraigada fe católica, sino que viajó por el mundo haciéndose más y más grande en parte gracias al manejo equivocado de los jefes de la Iglesia que pretendieron pagar indemnizaciones en secreto, mientras en público negaban rotundamente las acusaciones y defendían a los sacerdotes señalados.

La bola de nieve continuó creciendo hasta que un grupo de periodistas del citado medio se interesó por hacer una profunda investigación, que dio al traste con la publicación de una serie de artículos que no pudieron ser ignorados más por aquella sociedad y la Iglesia. Mostraban que se trataba de un patrón común y que numerosos curas eran trasladados discretamente de una parroquia a otra sin motivos aparentes.

17,000 casos aparecieron en pocas semanas, personas que nunca habían hablado de sus traumas y violaciones. Fue un desastre. Más de 450 demandas llevaron a la quiebra a la organización, múltiples sacerdotes en prisión, la destitución de 2 Cardenales y el descrédito por la pérdida de confianza de la feligresía, fue el resultado de aquella gran crisis mal manejada.

Las instituciones, como las personas pasan por crisis que deben ser correctamente manejadas y gestionadas pues de no ser así lo que sigue es la destrucción. El consejo de los expertos en manejo y comunicación de crisis señala que mientras más grande tu crisis, más franqueza, transparencia y humildad deben acompañar la estrategia de gestión.

La crisis de la Iglesia Católica en Estados Unidos, muestra cómo la mayoría piensa cuando está pasando por una crisis de reputación y credibilidad, si huir o cubrir lo ocurrido con un manto de silencio.

Enfrentar la crisis con la verdad, desde el primer día en que llegó una denuncia de aquel tipo, transparentando las actuaciones y los hechos, hubiese evitado el dolor a mucha gente y el nombre de la institución no estuviera hoy en tan mala estima por casos como estos.

Claro que no es un problema solo de esta iglesia, algunos Evangélicos de Estados Unidos lamentablemente también se han visto envueltos en crisis de este tipo y la respuesta no ha sido muy diferente, al punto de que según informes de la prensa, 380 miembros del clero de la Southern Baptist Convention han sido acusados de haber abusado sexualmente de más de 700 personas en el 2019, la mayoría menores. Este es un tema muy serio y se debe estar preparado para afrontarlo de la forma correcta si llegara a suceder una crisis de este tipo en nuestras instituciones.

En gestión de crisis no basta con decir la verdad, hay que convencer con ella.

Mantener una buena reputación es algo difícil porque es uno de los más frágiles atuendos de alguien. En un minuto, estar en el momento equivocado, con personas equivocadas y utilizar las palabras equivocadas puede arruinar tu vida. Costará una muy buena gestión de crisis volver al sitial desde donde te has caído.

En la Republica Dominicana todos seguíamos la carrera de jonrones de nuestro compatriota Samuel Kelvin Peralta Sosa. Millones de personas en el mundo, como yo, frente al televisor, respirábamos el mismo aire denso y con la misma emoción que los que estaban en vivo en el estadio de la ciudad de Chicago, siendo espectadores de primera línea de la guerra de jonrones entre Samy Sosa y Mark McGwire.

Samy era la majestuosidad hecha pelotero, era el hombre del momento, los narradores decían que si se candidateaba a alcalde de la ciudad de Chicago ganaba

por mucho. Ese joven negro de San Pedro, una ciudad al este de nuestro país, había conquistado los corazones de todos, sus números eran impresionantes. En esa temporada, Samy quedó como el segundo en jonrones de por vida, delante solo estaba Barry Bonds. Fue 6 veces All Star, varias veces el mejor de la liga y es el único que ha bateado 3 veces más de 60 jonrones.

El bambino del Caribe, como le habían apodado por haber roto el récord de Babe Ruth, estaba acostumbrado a luchar, era fuerte, hasta ahora su camino había sido trillado gracias a su talento y esfuerzo. Muchas crisis había atravesado para llegar hasta donde estaba pero la vida le aguardaba una más. Y es que amigo mío, siempre puede ponerse peor.

El 3 de junio del 2003 era martes, lo recuerdo. Samy estaba otra vez al bate, el pitcher lanzó y Samy bateó como acostumbraba, duro. Colocando en cada batazo todas las ganas de echar hacia adelante como hacía siempre pero este día fue diferente. Fue el día en que comenzó la peor crisis de toda su vida profesional como beisbolista. Es llamado el día negro de Samy Sosa.

El bate se rompió después de golpear la bola. Todos lo vimos y nadie sabía qué había pasado realmente. Los árbitros tomaron el bate y lo analizaron, descubriendo que tenía corcho, algo utilizado para batear más lejos, ilegal por demás en los juegos de béisbol. Nuestro compatriota debía explicar muy bien cómo llegó ese bate a sus manos o toda su carrera sería puesta en duda.

Samy ofreció una sincera rueda de prensa diciendo que ese bate de corcho lo usaba en juegos de exhibición y no en juegos oficiales pero nadie le creyó.

A pesar de que fueron revisados sus más de 76 bates y que no apareció ningún otro con corcho, la reputación del dominicano líder de jonrones no pasó la prueba de manejo de crisis. Como el pasado año 2021, Samy vio pasar una vez más la oportunidad de ser miembro del Salón de la fama de Cooperstown y no logró conseguir los votos para entrar a pesar de que sus números son más que suficientes ¿Sabes por qué? Porque las crisis de reputación se toman en serio, no basta decir la verdad, hay que convencer de arrepentimiento y humildad, cosas que le han faltado. La arrogancia es fácilmente olfateada a la hora de pedir perdón.

El mal manejo de crisis abunda, lo vemos en el patio, en el quehacer diario de políticos y personas del medio artístico y profesional. Hace poco una renombrada Psicóloga famosa en República Dominicana apareció en los medios digitales acusada por una colega estudiante de realizar prácticas no éticas. Ella lo negó rotundamente, primera reacción mala a una crisis y desafió a su acusadora, segunda mala acción. La respuesta no se hizo esperar, fue bombardeada en las redes de conversaciones privadas entre la estudiante y la psicóloga en donde la hacía ver como una manipuladora y poco profesional. La famosa psicóloga no se disculpó, ha jugado al olvido ignorando que muchos de ahora en adelante le han perdido el respeto tan necesario en esa profesión.

Qué decir de los líderes políticos, que ante la más mínima crisis en sus instituciones salen a formar una nueva, haciendo un flaco servicio a la tolerancia, al ejemplo de negociación y de manejo de crisis. Aunque a decir verdad, este comportamiento lo he visto también en seudo líderes de instituciones cristianas que no soportan

el calor de una discusión o de una crisis. Parece poco el ejemplo del Apóstol Pablo y Bernabé en el primer siglo, quienes demostraron que no tenemos que estar de acuerdo en todo pero si podemos trabajar en la misma dirección y lo más importante, primero que nuestro trabajo debe continuar a pesar de las inconformidades con los compañeros y que la reconciliación debe llegar.

Vivimos en una época complicada, que viaja a toda prisa y que se caracteriza por estar cambiando de forma constante. En esa turbulencia, dentro de ese caos, desarrollamos nuestra vida con cierta normalidad, cada día echamos a andar nuestra rutina y se vive en cierta estabilidad que a veces es relativa. En otras palabras, estamos acostumbrados a vivir en condiciones que denominamos dentro de rangos normales. Inteligencia, instinto, destreza, experiencia, estudio, nos ayudan a actuar ante los problemas de la vida de manera efectiva para las condiciones normales que nos sobrevienen. ¿Y si pasa algo que desborda esa normalidad en la que vivimos? ¿Si se quema la casa? ¿Si un terremoto hunde nuestra empresa? ¿Y si está sentado en el parque y lo amenazan con un arma mientras comparte con su familia?

En las empresas utilizan un término que usaremos también aquí, Gestión de Crisis. Consiste en contar con la capacidad para reconocer y actuar frente a las señales que anticipan una situación perjudicial para la empresa. Es así como instituciones, famosos, empresas de alto impacto cuentan con programas de gestión de crisis que evaluará, planificará y controlará los peligros que pueden llegar a acontecer y si llegan a pasar pues ponen en práctica estos planes de inmediato.

¿Has escuchado hablar de simulacros? Son ejercicios realizados por instituciones, empresas, gobiernos, personas, para asegurar que están preparados ante situaciones de crisis que pudieran presentarse.

Gestionar una crisis significa mantener el control de los acontecimientos y apegarse a procedimientos, que aseguran un resultado deseado aún en medio de aquella situación difícil.

Las empresas clasificadas como de alto riesgo mantienen índices de accidentes muy bajos, mientras que empresas clasificadas como de bajo riesgo sufren pérdidas millonarias en incendios y hasta muerte de trabajadores. ¿A qué piensas que se debe? Les explico. Esas empresas de alto potencial de peligro toman muy en serio sus operaciones y sus riesgos, así que se preparan. Dónde laboró por casi 20 años cada cierto tiempo somos sometidos a prácticas y ejercicios de emergencia, más de lo que uno quisiera. Primero en un salón de clases analizamos casi el 100 por ciento de los peligros a los que está relacionado nuestro trabajo, luego simulamos en una práctica que ocurre uno de esos posibles traumas. Allí vemos nuestra capacidad de respuesta a una posible crisis de bajo o alto impacto. El resultado de esta práctica constante es un saldo bajísimo de accidentes, mientras que aquellas industrias cuyos riesgos son bajos por el tipo de operaciones que realizan, ignoran la realidad, no preparan escenarios de crisis y como resultado hemos sido testigos de almacenes, colchonerías, colmados, oficinas públicas, que arden en llamas hasta dos veces por año.

Planificar y controlar son actividades imprescindibles antes y en medio de una crisis. Si no se planifica y controla la situación, el desenlace sería incierto, mientras que si se logra gestionar bien cualquier situación aún en tu crisis más difícil puede lograr retomar el control y tener un saldo positivo de aquello que acontece.

¿Ha visto esas situaciones en el juego de béisbol en que de repente los peloteros parecen no saber qué hacer ante un batazo de los contrarios que sale del cuadro amenazando con convertirse en dos o tres carreras? Pues la forma en que responden los muchachos a esas situaciones estresantes para el espectador, esos tiros largos desde el campo de izquierda o derecha hacia el plato o esas combinaciones de pitcher y catcher que salen tan bien, tan bonitas, pues déjame decirte que no son actos de coincidencias, todos han sido previamente ensayados y practicados cientos de veces. Eso es gestión de crisis.

La experta en manejo de crisis Christine M. Pearson, en su libro *¿Cómo gestionar una crisis? Guía Para Mejorar la preparación frente a una Crisis,* nos enseña que su trabajo como gestora de crisis consiste en: Evaluar riesgos, planificar simulacros de crisis, controlar tu crisis que se presente y evaluar aprendizajes de tu crisis. Su trabajo va desde control de las noticias que se ofrecen al público, manejo de las redes sociales, entrevistas en programas de televisión, etc. Hasta lograr mitigar tu crisis. No imaginas cómo los famosos y empresas en problemas sacan los temas de la palestra pública. Eso es gestión de crisis.

No es suerte, esta no existe. No hay más que posibilidad, realidad y probabilidad. No dejes nada a la suerte, planifique, prepárese, ejercítese y controle. Es por ello que hay planes de sucesión presidencial, piloto

automático en los aviones, etc. Porque un día podemos amanecer en crisis.

Personalmente creo que el criterio es igual tanto si tu crisis ocurre en la empresa millonaria como sí ocurre en nuestro hogar, en el parqueo del supermercado, la llegada drástica de una mala noticia, ante una información que dañe nuestra reputación o al cometer un error grave, una correcta gestión de esa crisis permitirá salir airoso de ella con buenas calificaciones, robustez personal, familiar o profesional.

Una de las peores crisis son los escándalos sexuales de líderes eclesiásticos, debido a que además del explosivo componente moral que involucra la familia, existe una terrible secuela de pequeñas crisis que irradiará sobre los seguidores y liderados. Aunque no de forma muy frecuente pero hemos sabido de casos como estos y las consecuencias son catastróficas. Los acusados no hablan, huyen buscando terminar así con la estela de aquello que los perseguirá por siempre.

Esto empeora porque las instituciones eclesiásticas, repito, no se preparan para el manejo de crisis. Los líderes piensan que la gente creerá lo que ellos digan, obviando que como señalé antes, no sólo hay que decir la verdad, hay que convencer.

Soy de la humilde opinión que debemos fortalecer los departamentos de comunicación de las instituciones sensibles mediante el simulacro de crisis reputacional, de credibilidad, crisis internas, para poder estar prestos a enfrentar estos tipos de situaciones con el único objeto de devolver la paz y sosiego a los afectados.

CRISIS BIEN MANEJADAS

Contrario a los ejemplos que he señalado arriba, hay muchos casos que son citados como ejemplos de crisis bien gestionadas. Recuerde, toda institución está en la mira de una crisis, sea de reputación, comunicacional, de un producto, de un servicio mal prestado, etc. Esto se triplica debido a la exposición que dan hoy las redes sociales. En segundos una persona puede informar de algo que ha visto o que le ha pasado en cualquier parte del mundo.

CASO KFC

En los estudios de comunicación de crisis hay un caso que se nos enseña y es el de la famosa cadena de pollo frito KFC. En febrero de 2018 pasaron por una crisis que amenazó con lastimar el negocio de una forma muy seria en Inglaterra. Tuvieron que cerrar más de 600 de los 900 restaurantes que tenían. La crisis se debió a que no había pollo y no llegaría en al menos una semana. Se imaginan el desastre de un negocio de pollo frito sin pollo.

Ante la presión de los medios, clientes y de todo un país que consume el producto de forma sostenible, supongo que las estrategias de manejo de crisis son variadas. ¿Qué le decimos al público? Es la pregunta a contestar. ¿Cómo reaccionará el público? Es la siguiente pregunta.

A KFC se les ocurrió lo que debería ser la norma en manejo de crisis, ir de frente con la verdad, manejar la crisis, no dejar que ella los manejara y esperar que la

estrategia no solo sirva para informar de la crisis sino que también para dejar algo positivo a la marca.

Así que se les ocurrió jugar con las letras del negocio, KFC y escribieron en periódicos, restaurantes, redes sociales lo siguiente: ¡***FKC, nos quedamos sin pollo***! Esta expresión reflejaba la verdad y cómo debían sentirse los clientes. El resultado fue una identificación total con la marca, la cual salió exitosa de ese terrible y catastrófico trance logrando que la gente entendiera que la situación no era culpa de ellos.

Que diferente a otras empresas que ante una crisis tratan de tapar la verdad escondiéndose detrás del silencio que pronto es llenado por la astucia y creatividad del público que huele donde hay mentiras.

TU CRISIS PUEDE SERVIR A OTROS

Al inicio de este libro he citado la triste historia de crisis del pastor Tommy Moya. Es sumamente extraño que alguien cuente la historia de su fracaso, así que esta es una entre mil. Se trata de alguien al que difícilmente en los círculos cristianos no se conozca. Un evangelista internacional y pastor de fama amplia en Estados Unidos, Centroamérica y nuestro país. Escritor, conferencista, consultor profesional de empresas y ministerios.

El pastor Moya adulteró con la esposa de alguien más, así que decidió enfrentar esta crisis de frente renunciando a todos sus cargos en la organización que había fundado. Este ministerio inició dirigiendo

16 personas y cuando renunció contaba con 3000. Decidió hacer público su pecado porque en sus propias palabras "deseaba ser libre y no tener fantasmas que lo persiguieran".

Podemos imaginar la avalancha de críticas que recibió, los seguidores y familias heridas por esta situación, pero si revisamos los comentarios en las páginas noticiosas que reseñaron el triste episodio, se dará cuenta de una cantidad considerable de gente que le mostraba su apoyo.

Cinco años después fue restaurado, incluso trajo con él un libro en el que narra su proceso y escribe para aquellos que pasan por un pecado similar. Escribe también en su libro para la iglesia, orientándola a no encubrir estas crisis con religiosidad y espiritualidad falsa cuando ocurran, sino que hace un llamado a quitarse las máscaras y afrontar estas crisis de frente, solo así dice el Pastor Tommy, "Dios puede restaurarnos y sanar las heridas que causamos".

¿Puede ver que el manejo correcto de una crisis conlleva la restauración, con el mejoramiento de la persona y su crecimiento? La gestión correcta de esta crisis no solo permitió que el pastor sea restaurado con el tiempo a una posición tal vez mucho mayor a la que se encontraba en el ministerio cuando cayó, recuperando su familia y el respeto de los seguidores, sino que a la vez su valentía y gestión frontal de la situación sirve para que los demás encontremos en él una persona de autoridad moral en quien apoyarnos.

Sé que este es un tema muy delicado pero ¿Acaso no lo son todas las crisis? Definitivamente debemos aceptar que aunque no deseemos este tipo de situaciones y crisis, seguirán pasando. Así que más vale estar edificados sobre cómo proceder cuando alguien a nuestro alrededor se vea pasando por una crisis terrible de este tipo. Ir de frente, ser honesto, buscar ayuda, admitir tu crisis y sus consecuencias, controlar los daños, apoyar a las víctimas si las hay, restaurar, perdonar.

Claro que se sufre, él confiesa que mucha gente se fue de su lado, amigos íntimos se han apartado como si se tratara de un leproso caminando por las vías. Pero al final del día se trata de hacer lo conveniente para salvar la salud espiritual propia y de la familia.

Queda claro que a cualquiera puede visitarlo la peor crisis, la diferencia estará en ¿Qué hacemos con ella? ¿Cómo la gestionamos? Podría cerrar los ojos y pretender que no está ahí pero le aseguro que ahí estará cuando decida abrirlos.

Lo mejor y más sensato sería afrontarlo de una vez y por todas. Será un trago amargo y se encontrará con mucha gente que tal vez no entienda por qué lo hace. Continúe resolviendo de la forma más honesta posible su proceso, permita que le hagan preguntas, no se avergüence de hacer lo correcto.

Un líder amigo que trabaja con jóvenes en una iglesia quedó sorprendido al descubrir que alguno de sus chicos estaba muy envuelto en la pornografía. Fue como recibir un balde de agua fría sin esperarlo. Es que nos concentramos en una burbuja en la que pretendemos que estén dentro nuestros liderados incluyendo nuestros hijos. Este tipo de crisis llega y nos hace ver que hay una realidad muy fuerte afuera y en el interior de muchos.

Un estudio de SAVE THE CHILDREN sobre el tema, explica que el 46% de los niños desde los 3 años está siendo bombardeado por publicidad intencional sobre pornografía infantil. Lo que nos están diciendo es que la pornografía es fácilmente la principal fuente de educación sexual de muchos niños.

El mismo estudio señala que los 12 y 17 años son edades altamente sensibles sobre este y otros temas de adicción, como el alcohol y las drogas, por ejemplo porque hay un pronunciado desarrollo de la búsqueda de satisfacción propia y la exploración.

Mi amigo aprovechó tu crisis por la que pasaban dos de sus jóvenes para organizar jornadas de educación sexual en la iglesia y está ahora consciente de que tiene un tema pendiente con sus hijos adolescentes. Este tipo de programas sensibiliza a los padres, brindándoles herramientas de observación y cuidado de sus pequeños quienes cada día tienen más acceso a internet y a la televisión. Por otro lado, al hablar del tema permitió que jóvenes que estaban pasando por procesos parecidos encontrarán respuestas y ayuda.

LA GESTIÓN DEL DOLOR

A veces la vida se trata de resistir, es la cualidad que posee la persona que le permite soportar un esfuerzo durante un período prolongado de tiempo. ¿Recuerdas esos juegos de resistencia en que ganaba quien más resistía sin ceder? Pues la crisis se gestiona aguantando. ¡El que huye pierde!

A las personas nos encantan las historias de éxito, los finales felices, los matrimonios longevos cuyos miembros sonríen abrazados mientras cuentan lo felices que son 30 años después. Pero no se llega a la cosecha sin resistencia, no se obtiene alegría sin aguantar los momentos de tristeza.

Se imagina querer llegar a un sitio y el único acceso que hay es atravesando el puente del dolor. A veces ese puente es la puerta hacia la felicidad, la realización y la obtención de cambios en nuestras vidas.

Es la disyuntiva que vivió un muchacho hace unas décadas. Se negó a pelear en la guerra de Vietnam y por eso le quitaron su licencia de boxeo. Más tarde, en 1974 deseaba obtener su derecho nuevamente al deporte que amaba pero tendría que atravesar un puente llamado Foreman, el campeón mundial.

Así que decidió cruzar el puente. Porque la vida trata de tomar decisiones aunque sepamos que habrá sufrimiento. Es mejor tener expectativas reales, no te dirijas al matrimonio pensando que solo habrá rosas. No pretendas que tu vida se trate exclusivamente de sonrisas a tu alrededor. ¡Despierte!, sea realista sobre la vida y no solo tendrá menos decepciones, sino que afrontará de forma diferente las crisis que tenga que atravesar.

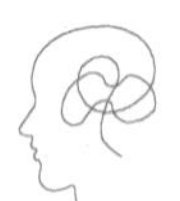

Muhammad Alí, con 32 años, enfrentó el 30 de octubre de 1974 a Foreman, de 25. Los que saben de este deporte dicen que ha sido la mejor pelea del boxeo.

Pasaron horas, llegó la madrugada y Alí continuaba soportando golpes del campeón y resistiendo el dolor. Lo que estuviera pensando Alí debía ponerlo en práctica rápido.

Tiempo después él confesó que era la única forma en que podría tener oportunidad frente a Foreman pues era más joven y más fuerte que él. La estrategia del dolor fue la suya. Resistir, persistir y nunca desistir, hasta que llegue el momento preciso, una luz, una puerta, un camino. Allí estaría, esperando.

Llegó el octavo round y Alí sangraba de un ojo. Entonces fue su momento, conectó un derechazo a su oponente que lo llevó a la lona. Se trató del primer *knockout* que le dieron a Foreman en toda su vida. Las manos de Alí fueron levantadas esa noche como las de un nuevo campeón, uno que usó la estrategia del dolor para obtener su triunfo.

Use el dolor para triunfar. Úselo como combustible, como parte de su estrategia de triunfo.

LA GESTIÓN DEL PERDÓN

Perdonar es una de las acciones más necesarias que debemos estar dispuestos a llevar a cabo, aún en medio de una crisis. Incluso podría ser que hasta alcance

a perdonar a los que lo han dañado, no crecerás lo suficientemente como para ver el resultado de lo que la crisis habrá enseñado.

Ahora bien, comparto el análisis del autor del genial libro Viaja Ligero sobre el perdón cuando señala que "*perdonar es como pagar impuestos, nunca amanecerá con deseos de hacerlo*".

Es un sentimiento que debe inundar nuestro ser y para ello es necesario emprender acciones que permitan que se desarrolle entre nosotros y quienes nos han herido. Perdonar no significa reconciliarse automáticamente o volver a confiar en quién le ha hecho daño, perdonar significa que el daño causado y el causante no gobernarán sus acciones, pensamientos y sentimientos de ahora en adelante.

Vivir odiando a quien le hirió cargará su corazón y mente ocupando un espacio vital para vivir su vida. No es fácil pero sí posible, inténtelo, póngase como meta perdonar a quien lo ha herido, abandonado, golpeado, robado, menospreciado. Quítale el poder día a día pensando menos en ello, gestiona el perdón haciendo un plan que incluya oración y trate de ver algo positivo del dolor causado.

Perdone aun cuando recuerde de vez en cuando el daño causado; siempre estará allí como una cicatriz y es que perdonar no es olvidar, perdonar es decidir diluir el dolor causado entre el crecimiento y la madurez que ese recuerdo causa hasta que ya no tenga poder sobre usted.

CAPÍTULO 9

10 PASOS PARA SALIR DE SU CRISIS SIN MORIR EN EL INTENTO

"El fracaso consiste en no persistir, en desanimarse después del error, en no levantarse después de caer".
Thomas Edison

Son tantas las posibles crisis que pudieran suceder a nuestro alrededor que no tendría sentido hacer un listado. Hagamos un ejercicio rápido sobre las posibles crisis que pudieras enfrentar hoy antes de que termine el día: ¿Cuentas con extintor en tu auto? ¿Ya le compraste seguro de incendio al edificio? ¿Posee tu casa seguro contra terremotos? ¿Cuentas con la protección de Aero ambulancia? ¿Hay un plan en tu familia para enfrentar tu muerte? Es importante que puedas entender el sentido de estas preguntas. Los riesgos son inherentes a los seres humanos pero raras veces pensamos en ellos y actuamos en consecuencia. Podemos ignorarlos pero los riesgos están ahí y un día saldrán del escondite ¿Qué tan preparado te encontrarán?

Y si no pensaste nunca en esta situación por la que estás pasando ¿Qué hacer? Aquí está la pregunta que debemos comenzar a hacernos en situaciones de crisis, es una de las preguntas correctas. Quiere saber cuál es otra de esas preguntas que debemos hacernos ¿Para qué me está sucediendo esto? No hacer las preguntas correctas indica que no hay un enfoque adecuado. Muchos de nosotros cuando estamos pasando por alguna situación de crisis perdemos tiempo tratando de entender lo que está pasando y la pregunta que nos hacemos es ¿Por qué me está pasando esto? ¿Cuándo terminará esta situación? Cuestionarnos en el ¿Para qué? En lugar de ¿Por qué? Nos colocará en una perspectiva correcta de la gestión de crisis.

Es sabido que las crisis traen miedo, dolor, llanto, tristeza, agonía, desesperación, aislamiento, eso está claro. Lo que estoy proponiendo es que estudies las siguientes recomendaciones con el objetivo de que la próxima vez que pase por una crisis, la gestiones siguiendo estos puntos que buscan ayudarle en su proceso.

Hablemos de los pasos recomendados para gestionar o combatir una crisis.

NO. 1
NO PERMITAS QUE TU CRISIS TE DERRUMBE

Podemos planificar pero nunca alcanzaremos a cubrir todas las bases. Así que de vez en cuando una crisis llegará a la empresa, al matrimonio, al ministerio, su vida personal y la nación. Tal vez una para la cual no se está

preparado, una que jamás se imaginó. Cualquiera que sea situación que llegue a tu vida, que esta no te derrumbe. Claro, no todos respondemos de la misma forma a la misma situación. Lo que a unos derrumba a otros los hace más fuertes. La historia del legendario Job en la Biblia atestigua lo que digo.

Él y su esposa fueron sometidos a la peor crisis que matrimonio alguno pudiera soportar. Un día todo se fue, sus hijos murieron y perdieron sus bienes. Precisamente ellos que eran devotos, llenos de fe, de buenas obras y un comportamiento excelente en su generación pero así son las crisis, salen para todos.

Job y su esposa estaban juntos en esto, aunque él pasaba peores momentos pues además estaba lleno de llagas en todo su cuerpo. Llama la atención que la fe de este hombre no menguó, sino que la Biblia confiesa que en todas las palabras que dijo durante su proceso de crisis nunca se encontró alguna palabra ofensiva contra su Dios. Esto es bueno, sin embargo esta fe inconmovible, esta bendita esperanza que mantenía el patriarca molestó a su esposa quien no aguantaba más oírlo cantar, hablar bien de Dios, decir que algún día las cosas mejorarían, que algún propósito debía haber detrás de aquel tiempo de crisis. La mujer de Job permitió que el dolor la derribe y le gritó un día: "*Aún mantienes tu integridad, maldice a tu Dios y muérete*" (Job 2:9 NVI). Lo que ella está diciendo a su esposo enfermo es más o menos lo siguiente: ¿Cómo puedes continuar? ¿Cómo lo haces? ¿Cómo puedes cantar canciones de alegría? ¿Cómo puedes hablar de Dios en esas condiciones? Ya deja de hablar de Dios ¿Por qué simplemente no te mueres? Sus palabras están muy cerca de una invitación a terminar con su vida.

A pesar de esto, Job no dejó que la crisis lo derrumbara. Mantuvo su fe, defendió su honestidad delante de los amigos que lo visitaron con ideas prejuiciadas sobre el origen de lo que estaba sucediendo. Y sobre todo no hizo caso a su esposa que lo invitó a tomar una salida rápida y cobarde de ponerle fin a su existencia. Él le respondió a ella y a todos los que escuchaban sus razones de esperanza y fe: ¿Recibiremos de Dios el bien y no el mal?

NO. 2
SI UNA CRISIS TE DERRUMBÓ: ¡LEVÁNTATE!

Nadie quiere ser derrumbado por una crisis. Nadie quiere llegar al suelo pero si ya está ahí, no hay que esperar más, no hay que averiguar mucho ¡Solo levántate del suelo!

Las historias de éxito son buenas pero casi nadie cuenta el costo de esos éxitos. Todos quieren escuchar testimonios de cómo logramos avanzar pero pocos desean estar cuando las cosas no pintan nada parecido a éxito.

La crisis del 11 de septiembre del 2001 en los Estados Unidos es un ejemplo de ser derrumbado. Ese día los habitantes de la ciudad de Nueva York se despertaron como siempre, una mañana hermosa era ofrecida a los caminantes y curiosos que llenaban los sitios turísticos del lugar, mirando y fotografiando los rascacielos que simbolizaban el poder económico de una ciudad y un país exitoso. Nadie imaginó que aquella mañana, todo cambiaría no solo para Manhattan o para Nueva York, sino para el país y el mundo.

Todos fuimos testigos, aunque no creíamos lo que veíamos a través de la televisión. Este pueblo famoso por sus rascacielos fue derrumbado, arrinconado y humillado ese día. El miedo se apoderó de las calles, cerraron las escuelas, los aeropuertos, las mercancías se dañaron en los puertos de salida porque ningún barco podía entrar o salir de ellos, la gente se sintió presa e insegura dentro de sus propias fronteras. El miedo había sido llevado a sus calles, a sus lugares de trabajo y de recreación.

Es imposible lograr entender el dolor de lo que había pasado pero al menos leer y escuchar las historias de los sobrevivientes nos da una idea más clara. Como la historia narrada por el Sr. William Rodríguez, un conserje que fue según él mismo narra, el último hombre en salir de las torres gemelas de Nueva York.

El Sr. William hoy cuenta lo que ocurrió hace 20 años, aquel día y cómo fue declarado héroe nacional por su disposición para ayudar a sacar personas de las torres. Dice que vio personas cuya piel caía como deshaciéndose mientras lloraban, muchos tenían vidrios incrustados en sus rostros y lo peor de la cantidad de cadáveres que yacían a los lados de las torres de aquellos que se habían lanzado de los pisos superiores huyendo del fuego. William poseía una de las 5 llaves maestra de todas las puertas de las Torres Gemelas. Gracias a que tenía esa llave pudo guiar a los bomberos piso por piso y sacar personas antes de que ambas torres cedieran corroídas por el fuego. Polvo, humo, hedor, llanto, desesperación, sentido de ruina y confusión, llenaron la ciudad más visitada del mundo.

Por semanas las imágenes en la televisión y el internet eran solo de llanto y desesperación. El color del miedo pintó los rostros de los norteamericanos, hasta que un día decidieron levantarse, se dieron cuenta que llorar no traería de vuelta las vidas perdidas, tener la cabeza abajo no resolvería nada, antes bien idearon darle un significado a todo aquello que habían perdido. Así que hicieron un monumento.

Estados Unidos se levantó de esta crisis que los llevó a la lona. Encontraron la forma de convertir aquel dolor en sentimiento patriótico y aunque no compartamos las acciones bélicas llevadas a cabo en nombre del 11 de septiembre, no deja de ser una verdad que todo el pueblo se unió en torno a la meta de levantar el país del suelo.

Si has tomado un avión, tren o un barco después del 11/09, sabrá que todo cambió después de aquel martes. No solo para los norteamericanos sino para el mundo entero. Desde entonces hay más y mejores protocolos de seguridad en todo el mundo, puertos y aeropuertos desde ese año cuentan con mayor sistema de vigilancia que nació a instancias de los Estados Unidos y miles de personas diariamente viajan de todos los rincones para ver aquello que se construyó donde antes estaban las torres gemelas. Todos viajan y ven lo que hicieron con aquella fatídica crisis.

Hazlo tú también, haz tu propio monumento. No te confundas, no estoy hablando de hacer culto al dolor, claro que no. Me refiero a que construyas un monumento en medio de la crisis que serviría como testimonio de lo que has vivido, de lo que pasó en aquel lugar y de lo que hiciste con esa crisis. Su monumento es su testimonio, lo que construyó, es como creció, que obtuvo de aquel tiempo malo, ese sería su monumento.

Levántate, como respuesta automática de tus caídas. Muchos luchan con crisis del pasado aun cuando han avanzado, siguen pensando en lo que ya no tienen y no terminan de abrazar lo que sí tienen.

NO. 3 RESPIRA

A lo largo de años de estudio y entrenamiento, cuento con decenas de diplomas colgados en un muro pero hay uno al que le debo mucho. Se trata del entrenamiento como Bombero Industrial en el campus de la A & M University en Houston, Texas, hace algunos años. Allí aprendí la importancia que tiene para el bombero saber respirar y mantener la calma.

Cuando decían aprender a respirar no entendía a qué se referían los instructores. Pronto, con un tanque de oxígeno a cuesta caminando 10 kilómetros diario entendí. Es que para un bombero el tanque de oxígeno es su salvación cuando se encuentra en espacios cerrados, llenos de humo provocados por incendios o en presencia de aire contaminado por sustancias nocivas. Ese tanque es su vida y debe aprender a controlar su respiración y mantener la calma en la peor crisis porque si se agita, se altera, deja que los nervios y el miedo tomen las decisiones por él, está perdido junto con todos aquellos que depende de su buen trabajo y juicio.

No me refiero a algo fácil, se trata de conocer su cuerpo y entrenarlo para estar tranquilo en la oscuridad más densa, buscar el camino con calma cuando no se ve nada en un edificio en llamas.

Un bombero carga consigo todo lo necesario para hacer su trabajo, me refiero a un martillo, cuerda, linterna, etc. pero nada de esto le servirá a menos que controle su respiración y administre bien su tanque de oxígeno.

#mantenlacalmaencrisis

Hay personas que en medio de una crisis deciden desesperarse, maltratan a su familia o se lanzan en busca de culpables, haciendo con esto el peor uso del recurso más valioso que tienen en medio de su crisis, el oxígeno. Es allí cuando hay que mantenerse vivo.

Así que respire, hágalo con calma porque nada conseguirá alterado, ofendiendo a su familia o colaboradores. Haga buen uso del oxígeno que dispone, su vida.

NO. 4
HAZ UN INVENTARIO

Tómese un tiempo para meditar en sus posibilidades. Ya sé que te encuentras en medio de una crisis, quizás la peor por la que hayas pasado pero necesito que hagas esto. Toma papel y lápiz, escriba sus opciones, los nombres de los amigos con los que cuentas, la cantidad de dinero que te queda, los bienes que aún tienes. Haz un esfuerzo, sé que siempre tenemos algo ¿Con qué cuentas? ¿Qué te queda? ¿Quién no te ha abandonado aún? ¿Cuáles son tus posibilidades reales? ¿Aún te queda algo de fe?

Muchas veces en lo poco que nos queda está escondida la solución a nuestra situación. Eso sí, este es un tiempo para ser honesto contigo, con tu esposa, hijos y demás personas que te rodean. No importa si has mantenido un estilo de vida diferente hasta ahora, si acostumbrabas a viajar todos los años, si cambiabas el vehículo cada 4. Cuando se asoma una crisis es tiempo de rediseñar, eficientizar, racionalizar, no es aceptable mantener posturas, nadie importa más que tú y la familia saliendo juntos de ese proceso. Ser honesto sobre tu realidad te quitará un gran peso de encima, uno que en medio de la crisis podría provocarte problemas aún mayores.

La Biblia narra una historia de una mujer viuda en una ciudad llamada Sarepta, ella y su hijo habían preparado todo para suicidarse. En la mesa de la cocina yacía un poco de harina y un poquito de aceite. Era lo único que les quedaba y esto querido amigo, era lo único que hacía falta.

Dios que nunca desampara a las viudas y huérfanos, envió a Elías a esta familia en crisis. Lo hizo caminar muchos kilómetros, al llegar a la puerta Elías pidió de comer a la viuda, ella le dijo con sinceridad sus planes. La historia de aquella viuda y su hijo cambió con la visita del profeta, quien hizo el milagro instándoles un emprendimiento a aquella mujer y su hijo en la casa.

Aquel poco de harina y aceite era todo lo que tenían, Elías y Dios les mostraron que era todo lo que hacía falta. Haz un inventario en medio de tu crisis y verás que lo poco que tienes es justo lo necesario para encontrar la puerta de salida a tu situación de crisis.

NO.5
¡CREZCA!

Ahora, sí, es posible. No mañana, no cuando termine TU CRISIS, decide crecer aquí, ahora, en medio de lo que le está aconteciendo. Con ese inventario que realizaste en el paso anterior, vamos, crezca.

No estoy hablando de imposibles, estoy pidiéndote que hagas lo que otros han hecho. ¿Si muchos han utilizado su peor crisis como su mejor aliada para crecer, porque no podríamos hacerlo también? No veo ningún impedimento.

Soy amante de las historias de triunfadores. En este momento quisiera contarte tantas cosas que me han marcado personalmente, pudiera hablarte de Betania Hamilton, una joven que mientras surfeaba se topó con un tiburón que le arrancó su brazo izquierdo. 23 días después de ser operada, Betania volvió a surfear y hoy está dentro de las mejores 50 del mundo. Qué decirte de Jesse Owen, Jack Robinson, Michel Jordán, Ronaldo, Nick Bujicic y tantos otros cuyas vidas han sido llevadas a libros o a la pantalla grande pues su trascendencia es tal que sirven de inspiración a la humanidad.

Pero la que más hondo ha calado en mí es la historia de Craig MacFarlane. Cuando él tenía 8 primaveras obtuvo una medalla de oro por ganar un torneo de lucha libre. Él dice que desde esa noche decidió que usaría la lucha para ser exitoso.

Lo que les cuento no sería para nada llamativo a no ser por lo siguiente: a los dos años Craig había quedado ciego de ambos ojos debido a un accidente con un equipo de soldadura.

Mientras que a algunos nos toma la vida decidir qué hacer ante la crisis que nos azota, mientras que a este niñito le tomó 5 años entender que no vería jamás en su vida, que el rostro de sus padres y sus hermanos nunca aparecería frente a él, que las imágenes que tenía en su cabeza hasta la edad de 2 años serían todo lo que conocería a través de sus ojos.

Conocí la historia de este luchador en un seminario de desarrollo personal, fuimos confrontados con su historia pues es casi increíble todo lo que ha logrado. Es descrito por la prensa como probablemente el atleta ciego más consumado del mundo, sin duda el más versátil deportista cuyo desempeño ha incluido luchar, correr, lanzar disco, nadar, esquiar y jugar golf.

Por favor no deje que le cuente toda la increíble historia de este triunfador, busca en internet y obsérvalo con tus propios ojos. Ve su participación en las Olimpíadas, busca sus triunfos en natación, deléitate viéndolo jugar tenis y ganar. Craig ha ganado 103 medallas de oro en una variedad de deportes.

La vida de este luchador olímpico nos inspira a crecer aun cuando atravesamos la peor de las crisis. Así que no pienses más en lo que no tienes, concéntrate en aquello que sí tienes y pon tu actitud a trabajar para triunfar.

Cada día lo vemos a nuestro alrededor. Gente con una sola pierna que logra llegar más lejos que muchos con sus dos miembros. Estudiantes ciegos que participan más y con más energías que los que podemos ver.

NO. 6
SACRIFICIO

Para salir de una crisis hay que sacrificar algo, tal vez mucho. Nos conviene reconciliarnos con el dolor y su primo el fracaso, para dejar atrás las crisis en nuestras vidas. Bien lo dice el canto "sin dolor no hay ganador".

SACRIFIQUE SU EGO, SEA HUMILDE

En medio de una crisis no debemos buscar culpables, salvo tratar de entender si ha sido nuestro error, nuestra forma de actuar, gastar o de vivir, lo que ha llevado el negocio, familia, matrimonio, Iglesia, a esa crisis en la que se encuentra. Esto amerita un baño de humildad extremadamente importante, pues los siguientes pasos que demos determinarán nuestro futuro y las decisiones posiblemente no tengan retorno.

Llame a alguien de confianza y pídale evaluar su situación, sea honesto y sincero con ese amigo o amiga a la que has llamado e indícale que debe ser abierto y honesto en la crítica que hará. No se juzgue mal si no has logrado ver lo que el tercero ve con claridad, en medio de la niebla producida por una crisis es muy difícil ver las aristas de las cosas. No es raro que haya un punto ciego frente a nosotros y que no estemos viendo.
Hacer esto implica estar dispuestos a aceptar que haya algo que debemos reconocer en la formación de TU CRISIS. Nuestro orgullo tal vez saldrá lastimado de

esta evaluación imparcial pero la recompensa será lo suficientemente redituable.

Créame si digo que hay quienes confiesan haber causado más daño al tratar de resolver una crisis que el acarreado por el problema original.

SACRIFIQUE SU BOCA, SEA AMABLE

Recuerde que *"la respuesta amable calma el enojo..."* . Tu crisis ya está aquí, el problema nos explotó en la cara, hicimos daño a alguien que amamos o alguien amado nos dañó, perdimos una inversión, defraudamos a un buen amigo, su negocio va en picada. No sé cuál es la crisis que atraviesas, lo que si se es que levantar la voz, ofender a los involucrados, recordar la hoja de fracasos de alguien ahora no es lo ideal para gestionar el retorno de esta difícil situación.

Si usa sarcasmo y agresividad obtendrá que las personas a su alrededor, se pongan a la defensiva. Nunca el uso de asperidad traerá los resultados que deseas de los demás.

SEA REALISTA SOBRE LA SITUACIÓN ACTUAL

Cuando se vive una crisis hay que ser realista sobre la situación por la que se está atravesando. Parte de combatirla eficazmente es reconocer la gravedad del asunto. No es momento para idealismo, se trata de sobrevivir, de armar lo que está roto, organizar el ejército de colaboradores fieles a su organización, cavar hasta tocar los cimientos de su matrimonio en crisis, hallar a alguien que sí crea en su ministerio aun cuando va en caída. Ser realista sobre el lugar donde le ayudará a enfocar sus energías en la preservación del aliento.

No estamos olvidando el ideal, los sueños, las metas, es solo que ahora debemos atender lo real. Luego, cuando pase tu crisis retomará su proyecto y colocará nuevamente el estandarte de sus sueños e ideales como meta, esto se llama madurar.

Ya he escrito en algún lugar al inicio de esta conversación que crisis no se traduce en oportunidad, no sin luchar. Es una falacia ampliamente difundida porque además busca que nos levantemos rápido de las situaciones difíciles por las que atravesamos pero no obedece a la realidad, antes bien todo lo contrario, cuando vivimos una crisis todo se acomoda para el fracaso, descrédito, caída, retroceso; levantarse, observar, ver, encontrar la brecha que dejan las situaciones difíciles para el escape del momento de prueba es lo que pocos pueden lograr, porque lo fácil cualquiera lo logra.

NO. 7
VEA A SU ALREDEDOR

Si te calmas, si dejas de llorar, si dejas de golpearte y de buscar culpables de lo que está pasándote, si dejas de ceder ante el miedo y secas tus lágrimas, tal vez puedas mirar y ver la salida.

¿Te ha pasado que mirando no ves? ¿Has estado alguna vez buscando el teléfono celular por todas partes, para luego sonreír cuando te das cuenta que lo llevas en la mano izquierda? Si te ha pasado, comprenderás entonces porque el título de este libro es atrévete a ver *la otra cara de tu crisis.*

En el estado de crisis en el que te encuentras es posible que mires a tu alrededor pero en realidad no estás viendo lo que hay. Ve y no solo mires, hazlo con detenimiento, observa los detalles que se develan a tu alrededor. Serénate, muévete con calma, no subas la voz, disfruta del tiempo ahora, para mejorar la capacidad de ver lo que está al frente. Tal vez has estado ahí siempre pero por alguna razón no lo habías notado hasta hoy.

Créeme, los talentos que poseías antes de tu crisis no se han ido, están ahí. Si eras bueno para hacer negocios aun lo sigues siendo. Si tu talento es comunicarte bien, notarás que ese tanto sigue ahí. Si eres buen cantante lo sigues siendo a pesar de tu crisis en la que estas hoy. Tu capacidad como líder está ahí, intacto. Tu olfato para los negocios no ha desaparecido, los dones siguen contigo. Confía, Dios también lo hace.

José en la cárcel continuó utilizando los talentos que Dios puso en él y allí en medio de aquel público hostil, donde se respiraba desánimo y agonía, utilizó sus dones y talentos para conectarse con la gente que luego habló acerca de él ante Faraón.

Vamos, rompe el miedo. Para salir de una crisis a veces hay que cambiar, olvida a las personas y sus paradigmas. No importa que nadie lo haya hecho antes, trata de hacerlo.

NO. 8
CUÉNTELE A ALGUIEN

¿Has escuchado la anécdota de aquel hombre que decide quitarse la vida por su situación económica? Los que la cuentan dicen que este hombre tomó esta decisión sin pensarlo mucho una mañana. Antes de hacerlo, preparó lo que sería su última comida, como era la última decidió que sería algo que realmente le gustaba mucho. El hombre puso a hornear una batata en el horno de su estufa, cuando estuvo lista la colocó en una toalla y salió sin avisar a dónde iba.

Cuentan que caminó hacia el puente de una lejana avenida, para evitar ser interrumpido en la decisión que había tomado. Mientras caminaba comía un bocado de la batata que llevaba envuelta en las manos.

Muy cerca del lugar indicado se detuvo para consumir el resto de su comida, ahora bañado de lágrimas en sus ojos pues no había dejado de pensar en su familia y lo que pensaría de aquel acto. Cuando de repente, observa de reojo que tiene compañía en aquella solitaria ruta, se acercaba un hombre visiblemente hambriento que recogía apresurado algo del suelo. Casi se le sale una sonrisa a este hombre cuando se le acercó y le mostró con aire de esperanza que venía recogiendo del suelo y comiendo la cáscara de batata asada que venía dejando en el camino.

Como este hombre, muchos suelen pensar estar pasando por la peor de las crisis que el ser humano pueda pasar. Un ejercicio de confianza en algún amigo cercano nos indicaría la realidad, muchas veces las cosas no están tan mal como nosotros las vemos, otras veces en su mayoría, tienen una solución cercana y posible.

Abrirse a alguien y contarle nuestra situación es saludable, porque aun cuando esa persona no cuente con los recursos para resolver lo que nos pasa, el simple

hecho de escucharnos expresar lo que sentimos y tener su apoyo respaldándose, es muy gratificante y reconfortante. ¡Hablemos, alguien siempre está listo para escuchar!

En la gestión de crisis empresariales es sumamente importante hablar al público, contarles lo que pasó porque si no lo dice la empresa, lo dirá la prensa, las redes sociales, y la gente los escuchará a ellos. Así que una sugerencia inmediata de los profesionales en gestión de crisis es hablar, comunicar lo ocurrido y qué se piensa hacer para remediar la situación.

Habla, habla de tu crisis con alguien. Busca un amigo de confianza, un consejero, pastor, capellán, sacerdote pero busca a alguien y cuéntale lo que estás pasando, no lo interiorices más, hacerlo no te ayudará a resolverlo. Quién sabe si en esa conversación pueden llegar a ver la otra cara de lo que ocurre.

NO. 9
CAMBIE

Antes de continuar quiero decirte algo, es totalmente lógico y comprensible estar aterrado, no es lo mismo imaginar una crisis que verla aparecer en nuestras vidas. No es sencillo visualizar situaciones, acomodarse a lógicas de funcionamiento, personas, dinámicas, estructuras o metas que en determinados momentos y bajo ciertas influencias, modificarán tu núcleo de impacto y nos coloca en un escenario totalmente desconocido para el cual a veces no creemos estar preparados. El cambio después de una crisis, es impostergable. El o los involucrados deben darse la oportunidad de asimilar cambios para los cuales tal vez nunca se prepararon.

Ya sea en la jornada laboral, el ajetreo de vida, la rutina o el tiempo que dedica a las actividades, cambiará a partir de que tu crisis aparezca en tu vida. Mientras más temprano aceptes que las cosas ya no serán como antes y que deberás adaptarte a hacer "limonada si limones caen del cielo", menos doloroso será para ti y los involucrados.

Ya sé que estás acomodado, aún en la más extrema pobreza todos nos acomodamos, es lo que los analistas llaman "nuestra zona de confort" que no es necesariamente confortable, sino que es el estado en que estamos acostumbrados, es nuestro estilo de vida, construido a través del paso del tiempo y del que no nos atrevemos siquiera a imaginar fuera de él, no porque estemos bien más bien por el temor a cambiar. Así que la crisis llega y nos deja descubiertos, de repente.

El cambio es inminente, como lo es tu crisis. En una ocasión escuché a un prominente geólogo de nuestro país llamado Osiris De León decir en una entrevista a propósito de unos terremotos que estos movimientos eran necesarios para que la tierra expulse la presión que se acumulaba y de esa manera, pequeños movimientos de las placas tectónicas se debían a un acomodamiento de las mismas.

A esto comparo yo algunas crisis, a un movimiento necesario en la vida de la humanidad de cuando en cuando, para dejar escapar la presión causada por un estilo de vida erróneo, en el que corremos galopantes como corceles detrás de lujos y placeres a costo de la vida misma, del tiempo de la familia. Entonces llega tu crisis y lo cambia todo, modifica criterios, distribuye problemas a su

alrededor que hará que tal vez que muchos cambiemos nuestros estilos de vida o forma de pensar.

NO. 10
PREGÚNTATE ¿QUÉ TE ESTÁ ENSEÑANDO TU CRISIS?

Hay una lección en toda crisis, si no la aprendes tú serás la enseñanza de otro.

En 2018 la BBC publicó una historia increíble y muy triste, se trató de la muerte de un hombre llamado Nigel Hurts quien se suicidó debido a problemas económicos. La historia la contó una de sus hijas, la soprano Jessica Hurtz quien recibió la noticia por vía telefónica. Ella y su hermana declararon que no tenían idea de los problemas económicos de su papá, después de su muerte se enteraron que desde 2008 dejó de pagar sus impuestos al ayuntamiento y estos gastos subieron de 200 a 90,000 dólares en 13 años.

El Sr. Hurts se encerró, nunca contestó las notificaciones del ayuntamiento, no contestó a ninguno de los llamados que le hicieron los bancos. Las deudas siguieron acumulándose mientras, él simplemente las ignoraba. Cuando habían crecido, el único camino era declararse en bancarrota, los avisos de embargo de la casa tocaron su puerta.

Cuando las hijas enterraron a su papá hicieron justo lo que él nunca había hecho, buscaron consejo y se pusieron en contacto con el banco que había enviado la carta de desalojo a su padre. En la primera reunión el banco aceptó que la deuda bajará de los 90,000 a solo 47,000 dólares. Ellas continuaron tocando puertas hasta que el ayuntamiento reconoció que la mayor parte de esa deuda se debió a gastos legales, fue entonces cuando el departamento legal se ofreció a no cobrar ni un dólar por sus servicios para este caso.

¿Puede ver por donde va todo esto? Las hermanas escribieron cartas a la diputada de su ciudad buscando ayuda. Resultado: recibieron lo que buscaban hasta lograr reducir todos esos cargos abusivos que condujeron a su padre a tomar aquella decisión tan cruel.

Lamentablemente las tasas de suicido que mencioné al inicio de este libro no son halagüeñas, incluso se pone peor en adultos mayores de 50 años ya que no resulta fácil para esa generación hablar de su situación.

Si no vez más allá de la crisis, está te arruinará. En los anteriores párrafos de esta sección hemos hablado sobre importantes herramientas que debes atesorar para gestionar cualquier tipo de crisis por la que atravieses. Usándolas puedes construir una puerta de salida o cavar para descubrir un escondite. Aprende o tu ruina será la enseñanza que otros aprenderán.

AUTO GESTIONESE

Durante el trayecto de la crisis, deberás afrontar múltiples cambios de carácter, tendrás que tocar muchas puertas, deberás hacer nuevos contactos. Así que usa tu mejor traje y adornate de los consejos ofrecidos a continuación:

Si lo haces, comienzas a orar y establecer una relación con Dios. Práctica un deporte diariamente durante 30 minutos, ingiere una dieta balanceada rica en ensaladas, frutas, verduras, toma suficiente agua, evita el consumo excesivo de café, no recurras al alcohol y drogas, toma tiempo para recordar imágenes de momentos agradables que hayas tenido, oblígate a dormir de 6 a 8 horas diariamente, mantén una actitud positiva y confía en tus habilidades para gestionar tu crisis, evita aquellas personas o situaciones que causan más estrés, planifica tu día. Haz una lista de prioridades, busca consejos y ayuda de personas con más experiencia, conversa con alguien en quien confíes sobre cómo te sientes, sé flexible contigo. No se exija más de lo que puedes dar, no uses el trabajo como refugio, ve a casa y comparte con los tuyos.

Aprender sobre el proceso que se vive es imperativo para no repetir tarde o temprano la misma crisis. Cada una, como escuela deja huellas en quienes pasan por ella. Esas deberían simbolizar algo, un aprendizaje, crecimiento, un momento, un testimonio, trofeo, cicatriz o una sonrisa.

Gestiona tu crisis, lucha por no caer pero si estás en el suelo de la duda y la desesperación por lo fuerte que ha sido tu proceso, ¡levántate! Arriba, con ánimo pronto. Respira, hazlo lento, siente lo maravilloso de estar vivo. Da gracias, piensa en lo que tienes, no te ofusques en pensar lo que ya no tienes. Encuentra al menos un grano de fe en tu interior y aférrate a él como el mástil de la embarcación que te llevará a puerto.

Decide crecer, ahí en el momento en el que te encuentras, no importa lo que digan o piensen los demás, no importa que parezca que has abandonado tus metas y sueños, te mantendrás creciendo, cambiando, lo que haya que cambiar.

Continúa así, construyéndote a ti mismo, siendo humilde, disfrutando el paisaje mientras caminas lento por los lugares donde antes corrías tras metas ilusorias y absurdas. Reconoce en ti alguien nuevo, alguien más sensible, más preparado y más alto.

Y ahí en ese ambiente de búsqueda de crecimiento, de repente verás ante tus ojos la salida, es la otra cara de tu crisis que solo logran ver quienes persisten, quienes no se adaptan, quienes continúan buscando algo más.

CAPÍTULO 10

¿QUÉ NO DEBES HACER CUANDO LLEGUE UNA CRISIS?

NO DES LUGAR AL RENCOR

José, el de la Biblia, creció siendo el hijo favorito de su Padre, el primogénito con Raquel. Fue al único a quien Jacob le bordó un abrigo de colores, hermosa túnica. En ella dibujó el amor de un Padre que buscaba demostrar con esto el tamaño del sentimiento que llevaba por uno de sus hijos a quien quiso distinguir de todos los demás pero a la vez gestos como estos, profundizaron el sentimiento de envidia en sus hermanos.

Tenía sueños de ser grande y no los escondía, los transmitía a sus hermanos y a su padre. Conoces la historia de cómo fue vendido por sus medios hermanos y cómo llegó hasta Egipto sin túnica, sin padre, sin familia. Solo él y sus sueños.

Después de múltiples caídas, engaños y traiciones, José sonreía casi tan feliz como en sus tiempos de juventud. Cuando tuvo su segundo hijo lo llamó Efraín, porque según como él veía las cosas "*Dios me hizo fructífero en la tierra de mi aflicción*" (Génesis 41: 52 NVI).

Se refiere a Egipto como tierra de su aflicción. Es cierto que allí ha llegado a ser el segundo hombre de importancia y poder, allí se casó y tiene su familia, tiene muchos bienes, está sosegado y tranquilo pero no deja de ser cierto que llegó a Egipto como esclavo, amarrado a una caravana de hombres ofrecidos como animales. La estabilidad de hoy no calla la verdad de un pasado desastroso en el que fue acusado injustamente, condenado, sin pruebas, como pasa en las más despiadadas de las dictaduras, encarcelado con ladrones y criminales por un hecho que no cometió.

El bienestar de hoy no viste de rosas del pasado, ni esconde el hecho de los terribles celos a los que sus hermanos se entregaron cuando se levantaron contra él desde temprana infancia. Pero el colocarle este nombre a su hijo, Efraín, fructífero es una muestra de que su corazón no estaba dañado, su fin no era devolver la piedra con tanta fuerza como la segunda ley de Newton lo enseña. Llamarse así mismo fructífero en la tierra de su aflicción es ver propósito en su peor situación, encontrarle sentido al sufrimiento, es el resultado de una fe que enorgullece, saberse privilegiado de estar en los planes del creador y eterno Dios.

El pasado no debe significar más que eso para nosotros, pasado. No lo invoque como excusa para no avanzar en la vida, no permita que su fuerza sea mayor que un simple recuerdo de lo que sufrió o de lo que pasó.

Por su salud manténgase alejado de hacer del pasado su presente.

NO SE LLENE DE ODIO

Todos sabemos que para perdonar se necesita tener un corazón limpio de los males que siempre pululan alrededor de los seres humanos, como el rencor, odio y la envidia. Lo que tal vez no había pensado es que para recibir el perdón, también es necesario que nuestro corazón esté limpio de impurezas como las ya mencionadas.

¿Qué tipo de persona es aquella que recibe el perdón y misericordia de los demás? Uno que no ha permitido que los pesares de la vida le hagan odiar al mensajero, aquel que no permite que quienes le hayan herido lo conviertan en un amargado que no confía en nadie. Tal vez aquel que se divorció pero pronto estará listo para hallar el amor en alguien más. Uno que se sabe digno de ser amado, es uno que acepta y no desprecia.

Cómo va el mundo, nadie cree en nadie. Si alguna persona le ofrece hacerle el bien estoy seguro que lo pensaría dos veces antes de aceptarlo. Son tantas las historias de personas traicionadas, engañadas y defraudadas por alguien en quién confiaban que sus testimonios en la televisión, en el internet, en la barbería o salón del barrio, nos han hecho endurecer el corazón cada día más. En la Biblia, el libro de los libros, el que no esconde las historias de éxito o de fracaso, encontramos en el segundo libro del profeta Samuel la historia de un muchacho llamado Mefiboset.

Transcurría un contexto inmisericorde donde el Rey que ganaba, se aseguraba de que no quedara nadie vivo para reclamar o con ganas de pelear, así que mientras su nana corría a esconderlo para que los soldados leales a David no mataran al muchacho, se le cayó de las manos en lo que sería el primer día de la nueva miserable vida de Mefiboset.

Lo levantaron y escondieron en el lugar donde nadie buscaría jamás a un heredero al trono: Lodebar, un lugar que siempre me ha sonado a duquesa (el vertedero de la capital Dominicana). Allí sería su casa para siempre, escondido de todos, lejos de la atención de la gente, perdido entre los recuerdos de una familia poderosa. Arrastrándose sobre el polvo con ayuda de un palo que se convertiría en su compañero de vida.

Un día el nuevo Rey David, en cuyo nombre mataron a su padre y abuelo Saúl, se acordó de una promesa hecha a Jonatán su mejor amigo, e hizo lo imposible por averiguar si quedaba alguien vivo del linaje del rey anterior. Lo encontró, encontró a Mefiboset, el hijo de su amigo Jonatán y lo mandó buscar para mostrarle misericordia y bondad.

Mefiboset frente al Rey, se describió a sí mismo como "Perro muerto" (2 Samuel 9:4 NVI) porque así debía sentirse, había vivido los últimos años de su vida arrastrándose, sin libertad, sin autonomía, sin dignidad.

#DiosNOteodia

Es algo que debes saber, Dios no te odia, no depositó en ti un castigo. No permitas que una discapacidad inunde

tu ser por completo. Ve más allá de la imposibilidad, observa tus posibilidades.

David le dijo "no tengas temor, porque yo haré contigo misericordia" (2 Samuel 9:7 NVI). La misericordia y el perdón son de doble vía. Se necesita un corazón dispuesto a perdonar y otro también dispuesto a recibirlo, uno que no esté lleno de odio y rencor, que sea libre de los prejuicios que la crisis puede causar. Aquel suficientemente sano como para aceptar la ayuda de los demás y no creerse humillado por ello.

En tiempos de crisis hay que pedir ayuda y dejarse ayudar, hay que dar un voto de confianza a esta humanidad perdida y dejarla que muestre los rayos de luz del creador a través de ella. No permitas que la situación difícil que atraviesas te haga preso del odio, raíz de amargura, rencor y apatía por los están a tu alrededor. No todo el mundo es igual, aún queda gente buena. Si le tiran un salvavidas tómelo, confíe una vez más.

El odio y orgullo cubren nuestros ojos, y nos impiden ver las manos de muchos alrededor que las extienden para ayudarnos a salir adelante. Acepte ayuda, no se avergüence por ello.

NO TOME ATAJOS, NO SIEMPRE SON BUENOS

Un día de primavera, un viajante descansaba tranquilamente al borde del camino bajo un árbol. Mirando la naturaleza que le rodeaba, observó cómo la oruga de una crisálida de mariposa intentaba abrirse paso a través de una pequeña abertura aparecida en el capullo. Estuvo largo rato contemplando cómo la mariposa iba esforzándose hasta que de repente, pareció detenerse. Tal vez la mariposa –pensó aquel hombre– había llegado al límite de sus fuerzas y no conseguiría ir más lejos.

Así que, decidido a ayudar a la mariposa, cogió unas tijeras de su mochila y ensanchó el orificio del capullo. La mariposa, de esta forma salió fácilmente. Su cuerpo estaba blanquecino, era pequeño y tenía las alas aplastadas.

El hombre preocupado, continuó observándola esperando que en cualquier momento, la mariposa abriera sus alas, las estirara y echara a volar. Pero pasó el tiempo y nada de eso ocurrió. La mariposa nunca voló y las pocas horas que sobrevivió las pasó arrastrando lastimosamente su cuerpo débil y sus alas encogidas hasta que finalmente, murió.

Aquel caminante, cargado de buenas intenciones, con voluntad de ayudar y evitar el sufrimiento a la mariposa, no comprendió que el esfuerzo de aquel insecto para abrirse camino a través del capullo era absolutamente vital y necesario, pues esa era precisamente la manera que la naturaleza había dispuesto para que la circulación de su cuerpo llegará a las alas y estuviera lista para volar una vez hubiera salido al exterior.

Algunas veces es justamente una crisis lo que necesitamos para evolucionar y crecer en nuestra vida. En realidad, si la naturaleza nos permitiese vivir sin obstáculos, quedaríamos muy limitados en nuestro inmenso potencial. Nunca llegaríamos a desarrollar nuestra verdadera plenitud.

NO SE ESCONDA TRAS LA ORACIÓN

Tu crisis no es tiempo para orar. Cálmate y me voy a explicar. Debemos orar todo el tiempo, especialmente antes de que llegue una crisis a nuestra vida.

El título arriba se refiere a mucha gente para quienes decir "tiempo de oración" es sinónimo de decir "tiempo de esperar". Yo creo que en tiempo de crisis los segundos cuentan. Ese no es tiempo de esperar sino de actuar, con velocidad, con prisa y sin pausa, sin desesperación pero con decisión firme, con temple de acero, pies de gacela y ojos atentos a todas partes a la vez.

Este no es momento de orar, si para ti orar es esconderse. Has debido orar antes, durante el tiempo de estabilidad, confort y tranquilidad, forjar un espíritu fuerte, ejercitar sus dones antes, en oración, crisis es tiempo de actuar.

La historia de Nehemías apoya mi tesis. Él es un líder vanguardista y práctico que no asume poses. Mientras se encontraba dirigiendo un gran proyecto de construcción de los muros de Jerusalén, recibió muchas amenazas de enemigos de la obra. Gente que se opone a todo en la vida, se convierten en la crisis perfecta para el líder de trabajo.

Nehemías era un hombre sabio, constantemente se lee en el libro que lleva su nombre que siempre buscaba el rostro de su Dios en oración. Pero en el momento de crisis por la oposición a los trabajos de reconstrucción de los muros, con una amenaza inminente de parte de los enemigos quienes podrían llegar en cualquier momento a atacarlos, el líder no proclamó tiempo de oración, no despidió a la gente a esperar a ver cómo resultaban las cosas. No, Nehemías nos muestra que cuando llegan los problemas y dificultades, no importa su tamaño, no debemos esconder nuestro miedo detrás de un "tiempo de oración" que más bien lo que busca es escapar de nuestra responsabilidad esperando que quizás los demás o la entropía sea quien decida por nosotros.

La determinación de Nehemías de ordenar en el capítulo 4 versículo 17 del libro que lleva su nombre, es que continúe la obra aún con amenaza de invasión. Me alienta a sugerir que empleemos métodos parecidos cuando estén en juego nuestras batallas en este mar de múltiples crisis donde avanzar, construir, desarrollarse y crecer, encuentra tantos enemigos gratuitos.

"Sigan avanzando, sigan construyendo, con una mano trabajen en la obra y en la otra mano empuñen la espada", ordenó el líder Nehemías. Esto significa una sola cosa, nada detiene a un hombre decidido a avanzar en la obra que Dios ha puesto en sus manos.

Si eres poseedor de una encomienda divina, un proyecto que consume tu alma como consumía a Nehemías al punto de que mientras servía al Rey no fue capaz de mantener el mismo nivel de concentración que acostumbraba, ore por ese proyecto, pida a Dios su dirección y su protección para llevarlo a cabo y propóngase no detenerse por nada ni por nadie.

Si estás en medio de un llamado, no dejes que las crisis naturales que lleguen provoquen un estancamiento, mucho menos te escondas detrás de una falsa religiosidad esperando a Dios en oración, cuando sabes que Él ya te envió y proveyó para el viaje. Avanza, actúa, aunque

tengas que utilizar métodos drásticos, aunque tengas que desafiar las armas espirituales de maldad sigue adelante, ponte de pie, unge tu rostro, termina ese ayuno y marcha con fe.

Si ya Dios te envió y bendijo la estrategia desde el cielo ¿Qué haces en la cueva? ¿Acaso Dios cambiará de opinión? Tu crisis no es un tiempo para orar, no de la oración que implica esperar ¡En tu crisis se necesita que actúes!

NO TE LO TOMES PERSONAL

Es un error andar por la vida pensando que la crisis se trata de una conspiración contra ti. Somos demasiados minúsculos para que el universo se tome el tiempo y la molestia de conspirar en nuestra contra. En el evangelio según San Juan Capítulo 9, hay una escena en la que un hombre ciego es el protagonista. Los transeúntes que seguían a Jesús aprovecharon y le lanzaron un gancho izquierdo al maestro usando al pobre muchacho que pedía limosna. ¿Quién pecó, él o sus padres para que naciera ciego? Le preguntaron.

Debemos entender aquí que no buscaban ayudar al ciego sino engrapar a Jesús en alguna palabra que sirviera a sus malos propósitos.

El maestro contestó mirando al joven: "Nadie pecó, no se trata de eso..." como señala DODS en su comentario "La pregunta para nosotros no es de dónde ha venido el sufrimiento, sino qué haremos con él."

Amigo mío, deja esa actitud nada provechosa de suponer que la vida está en deuda contigo. La vida no te debe nada, suelta esa mala actitud y decide vivirla alegre a pesar de las crisis por las que te toque pasar. Entiende que ellas son necesarias para formar nuestro carácter y tal vez están ahí para hacer de nosotros personas de impacto a otros.

Hace doce años, cuando nació nuestra hija Beth, fue trasladada de urgencia a una clínica especializada en la capital, Santo Domingo. Yo no entendía lo que su doctora trataba de explicarme sobre la condición de la beba. 10 días estuvo en ese lugar y solo hasta el octavo día hubo mejoría. La amenaza de una transfusión sanguínea nos aterraba. Entonces me visitaron los ¿Por qué a nosotros?, típicos de esos momentos. Lo que Jesús aplicó a la pregunta del ciego es válida también a nuestros por qué. No es personal, no importa de dónde ha venido el sufrimiento, sino qué haremos con él, ¿Qué pasará con nosotros de ahora en adelante? ¿Qué quiere el Creador hacer, cuando y donde? Dios sanó a nuestra hija en medio de la crisis más fuerte que hemos vivido como familia y como resultado, no somos los mismos desde entonces: vemos a Dios y su misericordia cada vez que miramos a nuestra pequeña.

CAPÍTULO 11

¿QUÉ HACER CON EL FRACASO?: SU TESTIMONIO

"Ojo a las situaciones inesperadas,
en ellas se encierra
a veces las grandes
oportunidades".
Joseph Pulitzer

Existen dos cosas para las que no nos preparamos en la vida, recibir un no por respuesta es la primera, fracasar es la segunda.

Hace un tiempo vi un libro con un título emocionante: *Fracasando hacia el éxito*, Juan Carlos Rodríguez el autor, desarrolla una idea emocionante y desafiante. Dice que el fracaso siempre ha sido incomprendido, evitado, marginado. Créeme que entendí y comparto su punto de vista.

La verdad es que es cierto que estamos condicionados desde pequeños a evitar el fracaso. En la escuela nunca levantamos las manos a menos que estemos 110 por ciento seguros de que tenemos la respuesta correcta. En la iglesia muchos parecen vender la idea de que todos son robots que no fallan, no yerran, no pecan, no fracasan. Nuestros jóvenes al pecar sienten el peso de la bota de alguien perfecto, que parece que nunca pasó por situaciones similares cuando la verdad es que todos hemos pecado muchas veces de forma completamente idéntica a ellos.

No quisiera que me malinterpretes, no está mal incentivar, moldear y buscar la perfección moral y espiritual, así como nuestros profesores desean ver nuestra capacidad elevarse sobre los problemas matemáticos y convertirnos en superiores a Pitágoras. El problema es que no desarrollamos la capacidad de seguir fracasando porque al fracasar la primera vez, sucumbimos ante él como si fuera una sentencia definitiva de muerte y no es así. Ningún fracaso es una sentencia de muerte. Ya hemos planteado que siempre existen las segundas oportunidades y si no existen, dibújala.

En todo caso, es Dios quien le dijo a Pablo que sus debilidades lo conducirían por el camino de la búsqueda de la perfección. Fue Jesús quien cubrió las faltas de aquella mujer sorprendida en adulterio, quien obvió la traición de Pedro y quien se ha constituido en abogado, no Juez, a partir de su ascensión a los cielos.

Así que se trata de aceptar el no y el fracaso como parte de la vida. Es precisamente la capacidad de no bloquearnos ante ellos que podemos continuar intentándolo.

Cuentan que cuando Tomas Alba Edison presentó formalmente el descubrimiento de la bombilla eléctrica, algunos quisieron concentrarse en las tantas veces que tuvo que probar hasta llegar al final. Le preguntaron ¿Cómo se sintió tras más de mil fracasos? Él respondió con proverbial control: no fracasé nunca, solo descubrí más de mil formas de no hacerlo.

Mi consejo es que no tomes el *no* demasiado en serio, tampoco el fracaso. Personalmente estoy muy agradecido por la vida de varias personas (espero que me estén leyendo) Primero agradezco mucho a aquellas mujeres que me dijeron que no. Nunca se los he dicho pero le estoy profundamente agradecido. Su decisión fue como gasolina de buen octanaje que me llevó lejos. La otra persona a la que agradezco igual es al único jefe que me ha botado de un trabajo. Uff, jamás nadie me ha empujado tanto sobre los brazos del creador como aquella vez en que Juan me canceló. Me envió a la calle justo cuando todo estaba listo para mi boda. Estoy totalmente convencido de que con frecuencia la violencia de un fracaso y un *no* es la llave del crecimiento.

Nada mejor que las historias de personas, países y negocios convertidos en testimonios para entender mejor qué se debe crecer en donde quiera que estemos plantados. Desiertos, pobreza extrema, racismo, una discapacidad al nacer, la pérdida de un empleo, un mal matrimonio que terminó en divorcio, viudez temprana, orfandad, pandemias, bancarrota, muchos casos de los que sacar cosas buenas por la condición difícil donde se ha nacido, en el que nadie dudaría de que no se llegara a nada en la vida, es precisamente el motor que impulsa el crecimiento.

Esta violencia con que empuja la vida se podría convertir en la excusa perfecta para dejarse caer, cerrar los ojos y permitirse que los pies lo lleven hasta donde la corriente de las aguas de la pobreza y los vientos de la desigualdad mueven nuestra vida, tan honda en el fango que nadie nos reconocería. ¿Acaso es fácil luchar contra tal adversidad? ¿No es cierto que la culpa no es nuestra? O tal vez podría hacer que esa fuerza incómoda que lo empuja hacia al piso le ayude a desarrollar sus músculos de la fe, a querer salir de aquel lugar, de aquella situación. Nuestro problema es que es muy difícil para nosotros entender que sobresalir y triunfar en esta vida cuando se tienen tantas dificultades hasta para las cosas más simples, es posible. Muchos han demostrado que este tipo de crisis y situaciones en sus vidas fueron usadas por ellos como estimulante para avanzar, antes que un comodín para descansar.

El científico y matemático Albert Einstein, creador de la fórmula de la relatividad, cuyo nombre está inscrito en los libros obligatorios de enseñanza en todos los idiomas, recibió un rotundo no una y otra vez. Cuentan que en la escuela básica Luitpold Gymnasium donde estudiaba, el profesor de griego le dijo "jamás llegarás a nada en la vida". Quiero que entiendas esto, no siempre el entorno te va a favorecer, no siempre las personas que te rodean confiarán en ti. No todo el mundo verá lo especial, creativo, dedicado, inteligente, apasionado que eres. Esas circunstancias adversas pondrán un poco más difícil nuestro éxito pero no deberían detenernos.

En la ciudad de Chicago, una joven llamada Michelle recibió un *no* de su asesora cuando le confesó su sueño de ir a la universidad de Princeton. Ella insistió en que no solo era su sueño, también era su meta, porque

los sueños necesitan subir al próximo nivel. Si no haces de tus sueños una meta serán solo deseos, suspiros que evocas como cuando respiras.

Michelle Obama llegó a Princeton contra todo pronóstico, ella lo cuenta todo en su libro. Explica que el día que llegó a la Universidad su compañera de cuarto salió corriendo cuando vio que Michel era negra.

Sé que piensas que Michelle es la esposa de Barack Obama pero créeme, el ex presidente ha dicho en muchas ocasiones y yo le creo, que él es el esposo de Michelle ¿Entiendes? ¿Y tú qué harás con el No?

El Dr. Benjamín Solomon Carson, el mismo que compitió contra Trump en la campaña por la nominación presidencial de 2016, nació en 1951 en un pueblecito de Detroit, sumergido en la pobreza extrema. Él mismo testificó en una actividad en un desayuno de oración que era un chiquillo de un barrio muy difícil, muy mal estudiante con terribles calificaciones y que sobre todo su madre nunca se cansó de él y su hermanito.

En su historia tal vez su madre es la heroína pues cada día lo ponía a leer y realizar resúmenes de libros, fue mucho tiempo después que se enteraron que su mamá no sabía leer ni escribir. Esta mujer no le hizo caso a los fracasos de sus hijos, a los consejos bien intencionados de los profesores que se cansaban rápido de Benjamín y le decían que él no llegaría a nada, "No espere mucho de él. Llévelo a casa, póngalo a hacer labores".

De este formidable joven solo le contaré que se graduó con tan buenas calificaciones, que se convirtió en el primer médico negro residente en el hospital Johns

Hopkins. Poco tiempo después llegó a ser jefe de residentes y en 1987, realizó la primera operación de niñas siamesas unidas por la parte trasera de la cabeza.

El doctor Benjamín Carson dice que lo que ha aprendido se resume en que la persona que más tiene que ver con lo que te va a ocurrir en la vida, eres tú mismo. Nadie más. No es el entorno, no es la opinión de tu profesor, no es tu capacidad, eres tú.

Sobran las historias de pobres que han llegado a ser grandes empresarios, discapacitados que no sólo vencen los pronósticos médicos sobre tiempo de vida, sino que también llegan a ser grandes músicos, artistas, escritores, científicos porque luchan contra un NO rotundo y seco que los inspira más que el sí de muchos.

Como muestra solo el testimonio contado por Andrea Bocelli, un tenor italiano que nació con problemas de glaucoma y que quedó ciego completamente a los doce años. Sus 90 millones de discos vendidos resumen su fuerza de voluntad y atestiguan que a la peor crisis se le puede dar la vuelta. Estoy seguro que Cristiano Ronaldo, reconocido por muchos como el mejor jugador de fútbol y a quien su madre trató de abortar, diría lo mismo.

Tengo aún muchos testimonios de fracasos en la cabeza, como el del Coronel Sanders, un hombre retirado que pasados sus 60´s no terminaba de conseguir un buen negocio. Aun así insistía en freír su pollo con 14 especias y apostar a que un día sería su día. Es lo que hace la gente de éxito, insistir y persistir.

Así que una mañana ocurrió lo que los tontos llaman suerte, se encontró en el momento indicado con

la oportunidad precisa y su pollo frito. Hoy día, muy lejos de ese lugar todos hemos disfrutado comer en una de las franquicias del restaurante que él abrió en su peor crisis, Kentucky Fried Chicken.

Un no es mejor que un sí. Porque te ayudará a intentarlo otra vez, te retará, te exprimirá hasta sacar lo mejor de ti. Es cierto, un no duele pero creo que es preferible el dolor pasajero que la miseria eterna. Un no que duela y que lo inspire, a un sí que lo sepulte tras la fama momentánea. Como la bonita historia de dolor de Bladimir Guerrero, un beisbolista retirado de nuestro país. Él estuvo 60 días esperando alguien que lo viera batear en el campo de entrenamiento de los Dodgers cuando era un muchacho, con un sueño, cansado de escuchar no. El día 61, cuando lo normal sería que esté triste y agotado de pedir oportunidades, llega alguien a verlo con escaso tiempo disponible.

Hoy sabemos que se trató de un favor que le rogaron a Fred Ferreira. Cuando Blad batió, se lastimó el tobillo tratando de llegar a la base. Tal vez se encontraba nervioso por la presencia del Scout de los Expos. Bladimir pudo haberse ido a su casa después de esa decepción, pudo haberse entregado a ese dolor que lo estaba matando literalmente. Tenía un motivo válido para hacerlo pero no, hizo lo que hace la gente que no quiere ser recordado como lo que pudo llegar a ser, sino como lo que fue: volvió a intentarlo.

Aún con aquella herida en su tobillo, consciente de que no podía correr, apenas podía caminar con dificultad, se preparó, puso toda su actitud y su fe en aquella situación del momento. Estaban en juego demasiadas cosas como para no intentar algo grande y bateó esa pelota, la bateó de forma que pudo caminar despacio por las bases sin temor a ser perseguido por el equipo contrario, bateó de jonrón, lo hizo y hoy todos sabemos de él como un famoso jugador cuyo nombre está escrito junto a otros dos Dominicanos en el salón de la fama del béisbol.

JURISPRUDENCIA

Cuando me gradué de abogado se acercó a mí una señora de 58 años muy perturbada, su hija me explicó la situación. La Junta Central Electoral había realizado unos procesos de actualización de su sistema que la perjudicó porque había vivido toda su vida con unos apellidos diferentes a los que a partir de ahora llevaba en su cédula. Tomé el caso y se convirtió en un reto personal poder ayudarlas. Por la vía administrativa sólo recibimos un No por respuesta. Entonces mientras hablaba con una jueza civil, ella me dijo una palabra que yo conocía pero que retumbó en mi mente: Ve a Juicio y haz una jurisprudencia.

Una jurisprudencia es la doctrina que han sentado los Tribunales en la interpretación y aplicación de las leyes cuando van dictando sentencias. Desde entonces no he dejado de relacionar el término con aspectos de la vida. A veces recibimos un no por respuesta y es todo lo que necesitamos para derrumbarnos y cavar nosotros mismos la tumba. ¿Por qué no volver a intentarlo? ¿Quién dice que debemos parar de buscar hacer justicia? Solo exponga el caso hasta que alguien escuche.

Es lo que pasó en el libro de la Biblia llamado Números. Una historia preciosa contada en los capítulos

27 y 36. Se trata de 5 hermanas que perdieron a su padre llamado Zelofehad.

Maala, Noa, Hogla, Milca y Tirsa no tenían hermanos, así que según la costumbre existente en oriente, las tierras y posesiones de su padre, un hombre noble que no se involucró nunca en nada malo en su pueblo, pasarían al control de alguien lejos de la familia. Era algo injusto pero era la ley, así que todos la aceptaban con la cabeza baja. Pero estas cinco hermanas no estaban dispuestas a aceptar esta injusticia sin hablar, sin expresarse y defender lo que creían.

Estas huérfanas un día caminaron hasta el lugar donde estaba el líder Moisés y pidieron una audiencia. Públicamente defendieron su derecho a conservar las posesiones de su padre fallecido con las razones y motivos que les parecían justas. Ellas fueron las primeras mujeres en pedir que se les permitiera heredar.

Pues para sorpresa de toda la comunidad, de la prensa y de los abogados de la época (exagero) estas jóvenes ganaron el caso e hicieron jurisprudencia. Desde entonces las mujeres pueden heredar las posiciones de sus padres en Israel.

Ahora es tu turno de hacer jurisprudencia y escribir tu testimonio con los no que recibas y con los eventos de crisis que te toque enfrentar después de fracasar. Da vuelta a las situaciones, total ya se encuentra en el peor lado.

CAPÍTULO 12

SI ALGUNO QUIERE SER EXITOSO, TOME SU CRISIS Y SÍGAME

"No gaste sus energías en superar su crisis,
concéntrese en transformarla,
y se dará cuenta de que desaparecerá".
Manuel Jiménez

A estas alturas espero haberte convencido de que así como una moneda tiene dos caras, toda crisis o situación apremiante también tiene una, la difícil, fea, la que perturba, intranquiliza y otra que aunque no es menos inquietante, no es para nada fácil pero es eso, la otra. Diferente, no es obvia, es la que se convertirá si somos lo suficientemente astutos, en una oportunidad para el que sufre, el que agoniza, el atrapado. Esa otra cara, es en la que debes concentrarte y esforzarte en ver.

Jesús dijo: "*Si alguno quiere venir en pos de mí... tome su Cruz y Sígame*". Fueron expresadas a sus discípulos, un grupo de hombres escogidos por él pero que humanamente parecían los menos idóneos para el

trabajo. Doce personas cuyo currículum no cumplirían las expectativas mínimas de triunfo. Entre ellos Pedro, un pescador tosco y malhumorado que desconfiaba de todo el mundo y Mateo, un cobrador de impuestos cuya fidelidad a los explotadores romanos era suficiente para ser odiado por los judíos. La de Jesús parecía una expedición suicida, vista la calidad de los discípulos.

Su estrategia fue escoger seres humanos que luchan con sus crisis personales, prepararlos y enviarlos. Él sabe siempre lo que hace. El Dr. Augusto Jorge Cury, un Psiquiatra, Sicoterapeuta y Científico que estudió la personalidad de Cristo en una serie de libros que tituló "La Inteligencia de Cristo" se refiere de esta manera a su trabajo con los discípulos: "*Los discípulos aprendieron poco a poco a manejar con madurez sus sentimientos de culpa, sus errores, sus dificultades; a transitar con dignidad por sus inviernos existenciales. Comprendieron que su maestro no exigía que fueran superhombres, que no fracasaran, que no atravesaran dificultades y no tuvieran momentos de excitación, sino que aprendieran a ser fieles a su propia conciencia, que se sintieran como aprendices ante la vida y se transformaran paulatinamente*". Cury llama al trabajo de Jesús con sus discípulos, Escuela de la Existencia, una escuela de sabios. Sabios que fueron comunes por fuera pero especiales por dentro. Sabios que vivieron una vida plena, aunque fuesen sencillos exteriormente.

¿Triunfaron los discípulos de Jesús? ¿Triunfó Jesús en su trabajo con ellos? Claro que sí. Pedro en su primer mensaje ganó 3000 almas que reconocieron su pecado y decidieron hacerse parte de la Iglesia naciente. Pablo viajó por el viejo mundo fundando Iglesias. Santiago, Juan y los demás discípulos hicieron lo propio.

Ese grupo de hombres, algunos sin mucha letra, alteró el curso de la historia tiñendo de Cristo los tiempos hasta el día de hoy. Su doctrina y pasión por la conversión del mundo los transformó. Basta con leer los discursos de sus escritos para darnos cuenta que entendieron perfectamente las enseñanzas del Maestro inolvidable. Pablo, por ejemplo, en la Segunda carta a Corintios 11: 28 (NVI) escribe a sus interlocutores "*esta leve tribulación pasajera*". Son palabras demasiado sencillas para el calibre de las tribulaciones que sabemos había transitado este hombre, algunas son: En Hechos 14: 19 lo apedrearon y arrastraron fuera de la ciudad hasta dejarlo por muerto. En el capítulo 16:22 lo azotaron, lo metieron a un calabozo como si fuera un criminal. En el 20:23 recibió prisión y tribulaciones. En el 21:30 fue golpeado. En el 23:10 un guardia que lo custodiaba tenía temor de que lo mataran. Ante estos hechos, el apóstol y todos los demás que escribieron cartas, muestran el mismo nivel de madurez y cambio en su forma de pensar y actuar. Jesús los transformó en gente que veía éxito aún en las peores situaciones, como él en aquella cruz.

Hoy día Jesús lo sigue haciendo, sigue escogiendo débiles que se dejan caer en las manos de un Dios fuerte, gente en crisis a quienes transformar. Hay personas esperando que termine su situación de crisis para luego estudiar, emprender, socializar, conocer gente, ser amable, cooperador, amistoso, etc. ¿Acaso no entienden que tal vez precisamente en medio de la crisis es donde conocerá a alguien que lo sacará de esa situación?

Así que si has llegado hasta esta parte de este libro, puedo sentirme con la suficiente confianza de decirle algo que no te va a gustar: Habrá crisis en tu vida,

Dios no usará una escoba para limpiar el camino para que no tropieces, así no es como funciona.

Habrá quebranto, traiciones, lágrimas, pérdidas, accidentes, caídas, enfermedades, luto y muchos momentos tristes a lo largo de la vida, será tu crisis o parte de ella, así que ¿Cómo lo vas a enfrentar?

En su libro *Desarrolle el líder que hay en usted John Maxwell* lo cuenta de esta forma: "*Muchas veces las personas que han sufrido situaciones adversas se vuelven amargas y enojadas. Con el tiempo sus vidas se tornan negativas y manifiestan dureza hacia los demás. Tienen tendencia de recordar los tiempos difíciles y decir, Ese incidente arruinó mi vida. De lo que no se dan cuenta es que ese incidente reclamaba una decisión de actitud, una respuesta. El haber escogido una actitud equivocada, no la condición, arruinó sus vidas*".

Y como al inicio le prometí un libro práctico y no teórico observe la siguiente escena:

En el salón principal del palacio de gobierno Egipcio, un grupo de hombres lloran arrepentidos de haber vendido a su hermano pequeño. El hermano pequeño se quitó la corona de gobernador, el maquillaje y el oro que lo ataviaba para que lo pudieran reconocer, y les dijo: "Acérquense a mí, yo soy José vuestro hermano, el que vendiste a Egipto. No estén tristes, ni os pese el haberme vendido, porque para preservación de vida me envió Dios delante de vosotros. Así pues que no me enviasteis vosotros, sino Dios, que me ha puesto por padre de Faraón y por señor de toda su casa, y por gobernador en toda la tierra de Egipto. No fueron ustedes sino Dios quién me envió aquí. Él me ha puesto

como asesor del Faraón y administrador de su reino". (Génesis 45:8 NVI).

Las anteriores son las palabras de un hombre exitoso, José nuestro soñador parado delante de sus hermanos que lo vendieron. ¿Cuándo habrá entendido José aquello que se escuchaba tan lindo? ¿Lo habrá aprendido en aquel agujero en donde lo arrojaron sus hermanos? ¿Habrá sido mientras viajaba como animal de circo comiendo el polvo del desierto, amarrado de pies y manos, después que lo sacaron del hoyo? ¿Fue mientras era vendido como esclavo a los Egipcios? ¿Fue en la casa de Potifar mientras huía al ser calumniado por la esposa de su jefe? ¿Tal vez sería una lección que aprendió en la cárcel en sus largas conversaciones con el Copero y Panadero del Faraón? ¿Habrá sido cuando se enteró que el panadero fue colgado? ¿Lo habrá descifrado en las noches frías de una cárcel alejada de su familia?

Entienda que somos el resultado de todo lo que nos ha pasado en la vida. Lo bueno, lo no tan bueno, lo malo y no tan malo. Las noches de calor y frío, los no que nos han dado, los desprecios, burlas, críticas y las aflicciones por las que hemos transitado.

Yo soy el resultado del dolor que ha visitado mi cuerpo, las crisis vividas han sido pomada sobre las llagas que ha abierto la vida. El haber sido tan pobre me ha enseñado a valorar cada centavo. La experiencia de haber sido un niño limpiabotas, vendedor de maní, dulces, periódico, ha forjado en mí una persona sin miedo a la hora de enfrentar nuevos retos. El haber sido engañado me ha enseñado a atesorar los verdaderos amigos. Llevo una cicatriz en mi frente que no permito a los fotógrafos borrar con la magia del photoshop, esa marca tiene una historia que jamás quiero olvidar. Haber tenido que caminar kilómetros a la escuela hizo mi cuerpo más saludable. Carecer del más preciado líquido, el agua, en mi barrio nos ha hecho seres agradecidos de la naturaleza cuando baña nuestra tierra. Contemplar los hongos en las manos arrugadas de mi hermosa madre ha sido la lección de amor más importante que me hayan dado. El dolor de observar el cuerpo sin vida de mi amigo fallecido es un disparo de realidad que desinfla todo asomo de orgullo.

Tal vez el recuerdo de un pasado matrimonio trae dolor a tu vida como mi cicatriz en la frente pero estarás de acuerdo en que algo bueno habrá dejado. Concéntrate en recordar lo bueno de lo malo.

Como Dios es el gran motivador de nuestro éxito, el ideólogo detrás de los sueños de triunfo, el que inspira los suspiros de madrugada de los que persiguen cosas grandes, Él nos hace viajar por caminos inusuales para recorrer los lugares preñados de las experiencias necesarias, como una escuela de grados en donde vamos recolectando información, experiencias y sabiduría tales que harán de ti un hombre o mujer equipado para obtenerlo.

En tiempos buenos igual que aquellos malos, en noches de lágrimas como alegres, en temporadas de gozo o de trabajo muy duro, nuestra actitud debe ser la del escritor de Salmos 23 quien confiaba en que por oscuro que estuviera el camino, Dios estaba en control de todo.

Mientras más temprano aprendamos como José a utilizar lo que nos pasa en la vida para nuestro provecho, proyectarnos, conectarnos, relacionarnos, más rápido

nuestro proyecto y propósito emergerá como algo natural y sentiremos que la vida nos sonríe.

ASÍ QUE NO ESPERES MÁS, TRIUNFA A PESAR DE TU CRISIS

SI TU MATRIMONIO ESTÁ EN CRISIS

Revisa tu comunicación. Antes, durante y después de una crisis hay que saber comunicarse, alguien dijo: "el primer axioma de la comunicación es que resulta imposible no comunicarse" Siempre nos estamos comunicando, aún con nuestro silencio. En el matrimonio, como en la vida, hay que entender esto y buscar estar comunicando lo que realmente se desea decir. Concédete el tiempo para sopesar las decisiones que piensas tomar, algunas personas que le dedicaron 2 años a una relación de noviazgo se niegan a dedicar un mes de sacrificio a su matrimonio en crisis. El divorcio es la puerta más obvia a tu crisis matrimonial pero tal vez no es el testimonio que deberías construir. Espera, espera y no desesperes.

SI SUFRES UNA CRISIS INTERNA

Si has estado luchando con fobias, depresión, deudas, abuso de alcohol o drogas, busca ayuda profesional. Vales mucho para tus seres amados a quienes no estarás haciendo un favor al tomar una decisión brusca con tu vida. Permítales trabajar en la construcción de una solución. No importa lo que haya pasado, tu familia y seres queridos entenderán y juntos conquistarán una forma de arreglarlo, ellos merecen esa oportunidad.

Piensa que si desapareces, las crisis que te agobian tal vez no desaparezcan para tus seres queridos, a veces una crisis enmascara otras. Es decir, tal vez detrás una crisis matrimonial subyace una interna. Es debido a eso que no lo resolverás divorciándote una, dos o tres veces, tu crisis anda contigo. Acéptalo, trabájalo, soluciona tus crisis internas y conocerás la paz verdadera, una que no depende de los demás porque anda contigo.
Si tu empresa está en crisis

Recuerda cómo inició tu pequeño negocio, te aseguro que hay muchas otras ideas de donde salió esta. Regálate la oportunidad de mirar las cosas desde otra perspectiva, verás cómo las puertas pequeñas que has estado ignorando son tal vez la salvación a tu negocio.

SI TU LIDERAZGO ESTÁ EN CRISIS

Definitivamente es normal que lleguen crisis de liderazgo de vez en cuando, es la forma en que serás sacudido por las ideas estancadas y suenan las alarmas de renovación tan necesarias para la continuidad de la visión. Acepta el cambio en tu liderazgo, adáptate, renuévate, mejora, cambia los métodos aunque no los principios.

Tal vez es tiempo de descender del olimpo donde has estado hace mucho tiempo, retirarse la máscara y dejar que otros avancen la misión hasta que sanes. Si te despojas y te llenas de honestidad, verás resurgir un

líder nuevo. Te levantarás del silicio como David, nuevo y perdonado.

SI TU CRISIS ES LA FALTA DE LIBERTAD PORQUE TE ENCUENTRAS PRESO

Primero lo primero,
Reciba a CRISTO en su corazón
Empiece a valorar lo que le queda
Supere lo que lo trajo hasta aquí
Obtenga aquí y ahora la paz que Él da.

SI TU CRISIS ES LA POBREZA Y LA NECESIDAD

Recuerda que Tomás Alba Edison le temía a la oscuridad, lo que lo llevó a buscar, encontrar y perfeccionar la bombilla eléctrica. Mozart, que a los 7 años ya había compuesto su primera sinfonía, tenía un piano tan pequeño que en ninguno de sus trabajos tocó un tercer SI bemol. Muchos han teorizado sobre por qué habrá pasado esto, soy de los que cree que simplemente Mozart no tenía un buen piano para practicar, así que decidió hacerlo en el que tenía y esa necesidad se ha convertido en su firma personal, irrepetible.

SI SUFRES UNA CRISIS FINANCIERA

Tu y yo sabemos lo que hay que hacer y lo has sabido desde el primer día. No vale de nada esconderse

tras los malos hábitos de consumo y el disfraz de "es mi vida y no me importa". Enfrenta lo que le está pasando, busca ayuda seria, se honesto contigo y a familia sobre la situación. Verás como la ayuda comienza a dibujarse inmediatamente frente a ti.

Toca puertas, muchas, no importa qué piensen los demás, estas salvando tu preciosa vida.

SI TE ENCUENTRA AL BORDE DE LA MUERTE

Como he dicho por ahí, no es lo mismo muerte segura que muerte posible. Lo que significa esto es que mientras la muerte es una posibilidad, también lo será vivir. La esperanza es lo último que se pierde, dicen en nuestros campos. Así que lucha mientras queda aliento de vida.

Y cuando nuestra crisis sea la muerte segura, cuando el diagnóstico sea irrefutable e inminente, entonces busquemos sin dudar y con fe en Jesús la otra cara de la muerte. Es la que halló el ladrón bueno que fue crucificado en la cruz junto al maestro a quien Jesús le prometió la vida eterna al cerrar los ojos. Es el rostro que vio Esteban cuando, fruto de las piedras que mutilaban su cuerpo, observó en los cielos el más hermoso paisaje que pueda verse, el rostro de Jesús, la otra cara de la muerte.

No importa el tipo de crisis por la que estés pasando, por favor no la desperdicies. Úsala, atrévete, vamos, sácale provecho, enfrenta las olas como todo un buen capitán, decídete a pasar con buenas calificaciones,

decídete a mejorar, a cambiar la actitud negativa por actitud proactiva, decide que contarás a tu familia un gran testimonio de cómo enfrentaste la crisis.

#nodesperdiciestucrisis

Ten en mente mientras atraviesas tu propia crisis, aquello que le has contado antes de José quien fue arrojado a un agujero y a la cárcel en el camino para convertirse en gobernador de Egipto. El Rey David estuvo en exilio y fue perseguido por hombres envidiosos en el camino para convertirse en Rey de Israel. Allí se pulió su carácter pasando de niño a hombre, de pastor a Rey, de cantor a adorador a través de padecimientos, tribulaciones, batallas y resistencia. Con esto en mente, vive tu crisis como si ella fuera la última puerta hacia la victoria.

Definitivamente somos producto de las crisis que vamos atravesando, los golpes que recibimos, las heridas y las experiencias que adquirimos directamente o indirectamente en otros. Así es como el líder Josué que sustituyó a Moisés fue el mismo que sufrió; el Pedro que ganó almas cuando predicó en la puerta de la hermosa fue el mismo que defraudó a Jesús en el patio de Caifás la noche de su apresamiento; el pablo que escribe hermosas cartas y palabras de ánimo, es el mismo que aplaudió el asesinato de Esteban.

Se el Khaby Lame, el Coronel Sanders, Carl Brashear, Moisés, Gedeón, David y Josué de hoy, porque las crisis que ellos enfrentaron continuarán apareciendo en nuestro camino.

Espero verte del otro lado: del dolor, del sufrimiento, de tu crisis, porque querido amigo, la vida está del otro lado. Decídete a triunfar ahora, en medio de lo que sea que estás pasando, toma tu crisis y empieza a cruzar el puente.

Sí trascender es la meta, tu crisis es la escuela. Atrévete a ver ***LA OTRA CARA DE TU CRISIS.***

www.ingramcontent.com/pod-product-compliance
Lightning Source LLC
LaVergne TN
LVHW091325150826
845673LV00006B/1777

* 9 7 9 8 8 4 2 8 7 8 9 9 4 *